CHRISTINA KEMPE | CHRISTA SCHMEDES

einszwei: Backen!

Mit Fertigprodukten ratzfatz backen und genießen

FOTOS: STUDIO L'EVEQUE TANJA & HARRY BISCHOF

CHRISTINA KEMPE | CHRISTA SCHMEDES

einszwei: Backen!

Mit Fertigprodukten ratzfatz backen und genießen

FOTOS: STUDIO L'EVEQUE TANJA & HARRY BISCHOF

Das einszwei-Backen-Prinzip:
Eins – alles bereitstellen, Backform oder -blech vorbereiten, Backofen vorheizen. Zwei – rühren, vermischen, belegen und bestreichen. Und dann: ratzfatz backen!

+

+

inhalt

einszwei:Backen!

Nichts leichter als das!

einszwei:**Backtipps!**

So geht Backen ganz einfach!

Haben Sie sich für ein süßes Backwerk entschieden? Den Vorrat gecheckt? Fehlende Zutaten eingekauft? Backzutaten und Utensilien liegen bereits griffbereit auf dem Küchentisch – vorbildlich! Dann kann's losgehen: »step by step«!
Mit den einszwei-Rezepten und -Tipps behalten Sie dabei stets den Überblick – ganz ohne Hektik!

Backformen

Mit einer gut schließenden Springform mit abnehmbarem Rand und einer klassischen Kastenform sind Sie bereits gut ausgestattet. Noch besser, wenn Ihre Backformen aus Schwarzblech sind, denn diese reflektieren die Backofenhitze nicht wie Weißblechformen, sondern geben sie sofort an den Teig weiter. Besonders clever sind Backformen mit Antihaftbeschichtung. Relativ neu und durchaus praktisch sind die Flexi-Formen aus Silikon, aus denen sich Kuchen oder Gebäck ruckzuck lösen lassen und in denen Sie fertig Gebackenes auch tiefkühlen können. Backbleche in tiefer und flacher Ausführung sind in der Regel bei der Grundausstattung eines Herdes dabei. Für Muffins-Fans lohnt sich zudem die Anschaffung eines Muffinsblechs (am besten mit 12 Mulden).

Backpapier oder einfetten?

Damit Sie das Backwerk nach dem Backen auch wieder aus der Form oder vom Blech kriegen, fetten Sie Form oder Blech mit Butter, Margarine oder neutralem Pflanzenöl ein. Öl mit einem Backpinsel auftragen, Butter oder Margarine mit Küchenpapier verteilen. Zusätzlich können Sie die Form noch mit Semmelbröseln oder fein gemahlenen Nüssen (je nach Rezept) ausstreuen. Die Alternative: Mit Backpapier sparen Sie sich das Einfetten – und hinterher das Abspülen!
Am praktischsten ist dies bei Backblechen: Auf jede Ecke einen Tupfer Fett geben, so kann das Papier nicht verrutschen, wenn man den Teig darauf gibt. Inzwischen gibt es auch Dauerbackfolie oder Backmatten aus Silikon, die gereinigt (oft sogar in der Spülmaschine!) und immer wieder verwendet werden können und die noch dazu wertvolle Tipps oder Größenumrisse bieten – ein Muss für Viel-Bäcker.

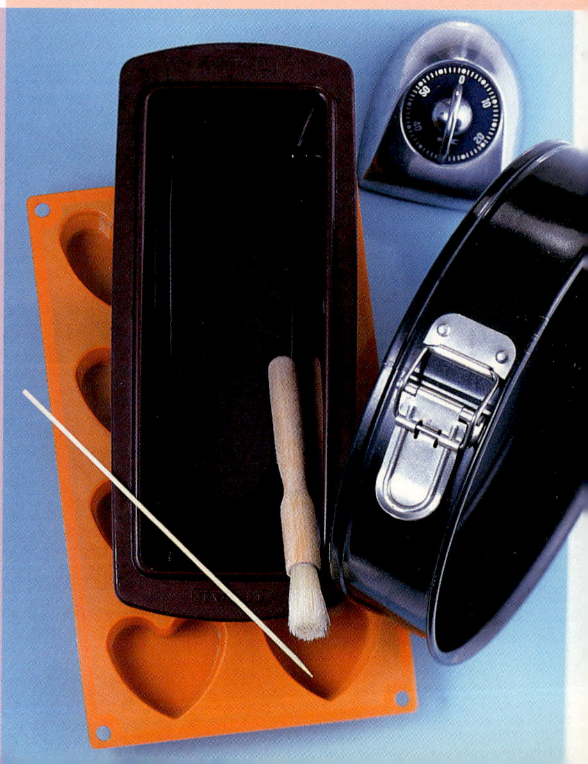

Rührteig leicht gemacht!
Eier und Butter lassen sich nur schön cremig rühren, wenn sie zimmerwarm sind. Also rechtzeitig aus dem Kühlschrank nehmen! Uups, vergessen? Dann einfach die Butter in eine kleine Metall- oder Keramikschüssel geben und kurz im Ofen, der sowieso vorgeheizt werden muss, weich werden lassen (Vorsicht, nicht zu lange im Ofen lassen, die Butter soll nur weich, nicht flüssig werden!). Und die Eier einfach ein paar Minuten in warmes Wasser legen, in der Zeit können Sie schon mal die Backzutaten aus dem Küchenschrank bereitstellen. Außerdem wichtig: Vermischen Sie größere Mengen Backpulver erst mit dem Mehl, denn Backpulver sollte nicht pur mit Flüssigem in Berührung kommen. Und wenn Mehl und Backpulver in der Rührschüssel sind, den Teig nicht zu lange rühren, sonst wird er klebrig und zäh.

Backzeit und Stäbchenprobe
Generell gilt: Die Backdauer kann je nach Backform und -ofen um einige Min. variieren. Die Temperatur- und Zeitangaben in diesem Buch beziehen sich auf Ober- und Unterhitze. Hierfür wird der Backofen vorgeheizt. Wer mit Umluft bäckt: Die entsprechende Umlufttemperatur ist etwa 10 % geringer und wird in jedem Rezept in Klammern angegeben. Bei Backzeiten bis 30 Min. sollten auch Umluft-Bäcker den Ofen vorheizen. Bei Kuchen prüfen Sie am besten 5–10 Min. vor Ablauf der angegebenen Backzeit mit der »Stäbchenprobe«, ob er fertig ist. Dafür einfach mit einem Holzstäbchen (Zahnstocher oder Schaschlikspießchen) an der höchsten Stelle hineinstechen. Hängen lediglich trockene Brösel dran, ist der Kuchen fertig. Klebt noch matschiger Teig an dem Stäbchen, sollten Sie den Kuchen noch kurz weiterbacken.

Fertig gebacken – und dann?
Den Kuchen oder die Muffins in der Form noch 5–10 Min. ruhen lassen. Dann aus der Backform lösen. Nur Cookies und Plätzchen wollen gleich weg vom Blech, sonst werden sie zu dunkel. Glücklich, wer ein Kuchengitter zum Auskühlen besitzt, ersatzweise können Sie Ihre frisch gebackenen Leckereien aber auch auf einem umgedrehten Backofengitter abkühlen lassen – oder gleich aufessen ...

Mehl, Zucker, Eier

Wenn nicht anders angegeben, verwenden Sie Weizenmehl (Type 405) und weißen, feinen Raffinade-Haushaltszucker. Puderzucker eignet sich zum Bestäuben oder Glasieren von Kuchen und Gebäck. Eier maximal 14 Tage kühl lagern; die Größe (M für Mittel) steht auf der Packung!

Milchprodukte ...

... wie Butter, Joghurt, Quark, Sahne, Mascarpone, Frischkäse lassen sich fast alle zum Backen verwenden – als Füllung, Belag oder Basis für schnelle Rührteige. Nicht jedermanns Sache, aber clever für den Endlosvorrat: H-Milch und Sahne aus der Sprühflasche.

Backtriebmittel und Gewürze

Backpulver brauchen Sie für Rührteige, die aufgehen sollen. Offene Tütchen gut verschließen und trocken lagern (Haltbarkeitsdatum beachten!). Backgewürze wie Zimt, Nelken, Kardamom und Lebkuchengewürz haben im Advent Hochkonjunktur.

Schokolade & Co.

Vollmilch-, Zartbitter- und weiße Kuvertüre zum Überziehen von Kuchen und Gebäck gibt es in 200-g-Blöcken. Praktisch: Fettglasur im Plastikförmchen zum Schmelzen im Wasserbad. Für den Schokokick im Teig und zum Bestreuen bzw. Bestäuben: Kakaopulver und Raspelschokolade.

einszwei: **Vorrat!**

Die wichtigsten Backzutaten für jede Menge Backspaß!

Nüsse

Haselnüsse und Mandeln werden gemahlen, gehackt, gestiftelt und in Blättchen angeboten und sind daher besonders vielseitig einsetzbar. Exotischer Dauerbrenner im Backzutatenregal: Kokosraspel. Nüsse immer kühl und trocken lagern, am besten in sauberen Schraubgläsern.

Pudding

Puddingpulver, z. B. für schnelle Käsekuchen, backfeste Puddingcreme als Belag oder fixe Füllung, Cremepudding für Kleingebäck und Torten – die Auswahl ist groß! Gleichen Sie beim Einkauf die in den Rezepten in Klammern genannte Flüssigkeitsmenge mit der Packungsangabe ab!

Süße Früchtchen ...

... aus der Dose oder dem Glas sorgen für schnellen Fruchtgenuss, z. B. als Füllung im Strudel oder als Tortenbelag. Wichtig: Früchte vorher in einem Sieb gut abtropfen lassen! TK-Beeren unaufgetaut unterrühren oder auf dem Teig verteilen – und gleich in den Ofen.

Fix und fertig

Ideal fürs Ratzfatz-Gebäck: backfertige Mohn- und Nussmischung, Marzipanrohmasse sowie Konfitüren zum Bestreichen und Belegen von Teig oder für schnelle Füllungen. Nach dem Öffnen im Kühlschrank lagern: Dessertsaucen aus der Flasche zum Beträufeln von Eis, Waffeln oder süßen Nachspeisen.

Blätterteig ...

... gibt es tiefgekühlt in quadratischen oder rechteckigen Scheiben. Die Teigscheiben nach Bedarf einzeln aus der Packung nehmen und zum schnellen Auftauen nebeneinander legen. Noch bequemer: frischer Blätterteig aus dem Kühlregal, bereits fix und fertig ausgerollt.

Hefeteig ...

... wird wie Blätterteig tiefgekühlt in Scheiben oder als Rolle im Kühlregal angeboten. TK-Hefeteig vor der Verarbeitung auftauen und anschließend zugedeckt an einem warmen Ort gehen lassen.

Strudelteig ...

... gibt es frisch aus dem Kühlregal oder tiefgekühlt. Damit sich der Strudel nach dem Belegen leichter aufrollen lässt, legen Sie die Teigblätter auf ein Küchentuch. Und bepinseln Sie den Teig mit Wasser oder Butter, so bleibt er schön geschmeidig (s. Tipps S. 67).

Yufka- und Filoteig

Die dünnen strudelteigähnlichen Teigblätter bekommen Sie (frisch oder tiefgekühlt) in türkischen und griechischen Lebensmittelgeschäften. Sie sind ganz leicht zu verarbeiten, mit der Küchenschere in Form zu schneiden und backen mit süßer Füllung schön knusprig.

einszwei: **Blitzteige!**

Kleine Teigkunde – welcher ist der Schnellste?

Mürbeteig ...

... finden Sie bereits fertig ausgerollt oder zum Ausrollen in rechteckiger Form im Supermarkt-Kühlregal. Nehmen Sie den Teig einige Minuten vor der Verarbeitung aus dem Kühlschrank, zimmerwarm wird er elastischer und lässt sich leichter ausrollen, ohne zu brechen.

Croissant-Teig

Blitzschnell können Sie Croissant-Teig aus dem Kühlregal in ofenfrisches Gebäck für den Frühstückstisch oder die Kaffeetafel verwandeln. Macht immer Eindruck und schmeckt aufgepeppt so richtig lecker, wie die Croissants auf Seite 47 beweisen.

Backmischungen

Teiggrundmischungen, fix und fertig gerührte Kuchen in der Papp-Backform, Muffins- und Waffelteig in der Schüttelflasche – das Angebot ist riesig! Und mit den Rezeptideen aus diesem Buch lassen sich daraus ratzfatz kleine und große Backwunder zaubern.

Biskuit & Co.

Ideal fürs Ohne-Ofen-Backen: Obsttortenböden aus Biskuit mit gezacktem Rand, Wiener Biskuitböden (3-teilig) in dunkel oder hell und kleine Torteletts aus Mürbeteig, belegfertig aus dem Backwaren- oder Keksregal. Oder wir wär's mit einem Keksboden? Auf Seite 81 steht, wie's geht!

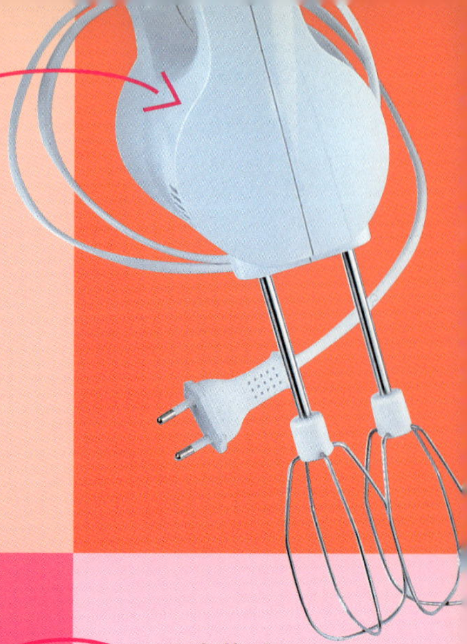

Handrührgerät und Schneebesen

Mit den Schneebesen des elektrischen Rührgerätes haben Sie im Nu zartcremige Teige gerührt, Eiweiße zu Schnee geschlagen oder Cremes aufgeschlagen. Wer kein Handrührgerät hat, rührt mit dem Schneebesen – ist zwar mühsam und zeitaufwändig, aber es klappt.

Messbecher und Waage

Bei Teigzutaten müssen die Mengen genau stimmen. Für Flüssiges, Mehl und Zucker (Puderzucker auf der Grieß-Skala ablesen!) eignet sich ein Messbecher mit feiner Einteilung. Noch exakter geht's mit einer (digitalen) Küchenwaage.

Nudelholz

Damit rollt man Teig gleichmäßig aus. Es tut auch gute Dienste beim Zerkleinern von Cornflakes, Chips etc. Mit einer Flasche geht's auch: Etikett in lauwarmem Wasser ablösen, Flasche außen gründlich reinigen, gut abtrocknen und fertig ist das Sponti-Nudelholz!

Rührbecher und -schüsseln

Zum Aufschlagen von Sahne oder Eischnee ist unbedingt ein hoher Rührbecher vonnöten – sonst spritzt es! Rührschüsseln aus Plastik machen beim Rühren weniger Krach, Edelstahlschüsseln kann man problemlos in den Backofen stellen – auch praktisch.

Küchensieb

Parat halten: ein Sieb in Großformat zum Abgießen und Abtropfen von Früchten aus der Dose oder dem Glas. Und ein kleines, feines Teesieb zum Bestäuben von Kuchen und Gebäck mit Kakaopulver oder Puderzucker. Letzteres geht aber auch mal mit dem Löffel.

Messer und Küchenschere

Nehmen Sie ein großes, scharfes Messer zum Hacken von Nüssen und ein langes, feines Sägemesser zum Teilen von Biskuitböden (s. Tipp S. 89). Ratzfatz-Tipp: Dünn ausgerollten Teig mit der Küchenschere zurechtschneiden!

einszwei: **Geräte!**

Acht Backhelfer für die Ratzfatz-Backstube

Backpinsel

Eine Anschaffung, die sich lohnt: Einen Pinsel brauchen Sie zum Bestreichen von Teig mit Wasser oder zerlassener Butter, zum Verteilen von Zuckerguss oder zum Einfetten von Backformen und Blechen mit flüssigem Fett. Gut und schön sind Pinsel mit Holzgriff und Naturborsten.

Löffel und Teigschaber

Ess- und Teelöffel sind schnelle Helfer beim Abmessen kleiner Zutatenmengen. Mit einem großen Rührlöffel aus Holz oder Plastik sind Nüsse & Co. ruckzuck untergerührt. Eischnee am besten vorsichtig mit einem Teigschaber unterheben – so bleibt alles schön luftig.

einszwei:Rezepte!

Ratzfatz backen und genießen

:gerührt

Wie? Gerade eben noch als »Einzelteile« in der Küche und jetzt schon als Knuspergebäck auf dem Tisch. Wie kann das denn gehen? Tja, der ganz Fixe unter den Teigen macht's möglich.

Die Rede ist vom **Rührteig,** bei dem die Basics Zucker, Fett, Eier und Mehl in aller Kürze nur zügig vermengt werden müssen, bevor sie als satter Teig in den Backofen dürfen. Wird dieser noch mit Extras wie kernigen Haferflocken, gehackten Nüssen, Möhrenraspeln oder anderen Goodies bestückt, tut man seinem Körper auch noch richtig was Gutes. Variieren Sie **Kuchen, Muffins** und **Cookies** ruhig nach Lust und Laune – auf den nächsten Seiten finden Sie jede Menge Tipps für jeden Geschmack.

Wow, hört sich alles ziemlich gut und vor allem ganz simpel an – und genau das ist es auch. Das Einzige, was es zu beachten gibt: Eier und Butter lassen sich nur schön cremig rühren, wenn sie **zimmerwarm** sind (siehe Backtipps Seite 9). Außerdem wichtig: Den Teig nicht zu lange in der Mache haben, sobald das Mehl drin ist, sonst wird er klebrig und zäh.

Was, Sie wollen's noch schneller haben? Auch kein Thema, denn im Kühlregal gibt es Rührteig bereits **fix und fertig** im Beutel oder sogar schon in der Backform. Fast ebenso rasante Alternativen sind die Teiggrundmischungen in Plastikflasche oder Karton, die nur noch mit Flüssigkeit aufgegossen und durch Schütteln oder Durchrühren backfertig gemacht werden. Vielleicht den Fertigteig nach Belieben noch mit Likör, Kernen, Schokostückchen, Obstwürfeln aufpeppen – und ab in die Röhre damit.

Psst! Wichtige Info für alle Lieber-Belag-als-Teig-Esser: Auch **Füllungen** lassen sich ratzfatz rühren und vor allem ganz ohne Boden backen. Bestes Beispiel: der Käsekuchen von Seite 41.

Asia meets America

Zitronengras-Vanilla-Cookies

Für ca. 25 Stück:
100 g Butter
1 Ei (Größe M)
2 Stangen Zitronengras (aus dem Asienladen)
5 EL Zucker
130 g Mehl
2 Msp. Backpulver
1 Päckchen natürliches Bourbon-Vanille-Aroma

Außerdem:
Backpapier für die Backbleche

Zubereitungszeit: ca. 20 Min.
Backzeit: ca. 12 Min.
Bei 25 Stück pro Stück ca. 55 kcal | 240 kJ | 1 g EW | 4 g F | 5 g KH

1 Die Butter rechtzeitig aus dem Kühlschrank nehmen und weich werden lassen. Das Ei ebenfalls aus dem Kühlschrank nehmen und Zimmertemperatur annehmen lassen (s. Tipps S. 9). Den Backofen auf 180° (Umluft 160°) vorheizen. Zwei Backbleche mit Backpapier auslegen. Das Zitronengras waschen, die unteren Enden und die oberen dünnen Teile abschneiden. Die mittleren dicken Teile im Blitzhacker oder mit einem großen Messer sehr fein hacken.

2 Die weiche Butter mit dem Zucker in eine Rührschüssel geben und mit den Schneebesen des Handrührgerätes cremig rühren. Nun zuerst das Ei unterrühren, dann das Mehl abmessen und mit dem Backpulver, dem Zitronengras und dem Bourbon-Vanille-Aroma rasch untermischen.

3 Vom Teig mit zwei kleinen Löffeln walnussgroße Häufchen abnehmen und mit etwas Abstand auf die Bleche setzen. Die Bleche nacheinander in den heißen Ofen (Mitte) schieben und die Cookies in jeweils 10–12 Min. goldbraun backen. Wenn Sie Umluft verwenden, können Sie beide Bleche in den Ofen schieben und alle Cookies gleichzeitig backen.

einszwei:Zitrusaroma tanken!
2 unbehandelte Limetten heiß waschen und abtrocknen. Von der Schale 2–3 TL fein abreiben und statt dem fein gehackten Zitronengras unter den Teig rühren. Dann die Limetten halbieren, den Saft auspressen und mit 150 g Puderzucker zu einem Guss verrühren. Den Guss auf die noch heißen Cookies streichen.

Weitere einszwei-Rezepte für Vanille-Fans:
Vanille-Käsekuchen_Seite 41
Crunchy Vanilla-Cream-Cake_Seite 57
Vanille-Aprikosen-Torteletts_Seite 73

Löffelkekse für Erdnussfans

Peanut-Cookies

Für ca. 25 Stück:
100 g Butter
1 Ei (Größe M)
100 g Zucker
2 EL Erdnusscreme (aus dem Glas)
175 g Mehl
1/2 TL Backpulver
100 g gebrannte Erdnüsse (fertig gekauft)

Außerdem:
Backpapier für die Backbleche

einszwei:Fix getauscht!
Falls Sie keine gebrannten Erdnüsse bekommen, können Sie auch ungesalzene gehackte Erdnüsse nehmen.

Zubereitungszeit: ca. 15 Min.
Backzeit: ca. 18 Min.
Bei 25 Stück pro Stück ca. 105 kcal | 430 kJ | 2 g EW | 6 g F | 10 g KH

1 Die Butter rechtzeitig aus dem Kühlschrank nehmen und weich werden lassen. Das Ei ebenfalls aus dem Kühlschrank nehmen und Zimmertemperatur annehmen lassen (s. Tipps S. 9). Den Backofen auf 180° (Umluft 160°) vorheizen. Zwei Backbleche mit Backpapier auslegen. Den Zucker abmessen.

2 Die weiche Butter mit dem Zucker in eine Rührschüssel geben und mit den Schneebesen des Handrührgerätes cremig rühren. Nun zuerst das Ei und die Erdnusscreme unterrühren, dann das Mehl abmessen und mit dem Backpulver und den Erdnüssen rasch untermischen.

3 Vom Teig mit zwei kleinen Löffeln walnussgroße Häufchen abnehmen und mit etwas Abstand auf die Bleche setzen. Die Bleche nacheinander in den heißen Ofen (Mitte) schieben und die Cookies in jeweils 15–18 Min. goldbraun backen. Wenn Sie Umluft verwenden, können Sie beide Bleche auf einmal in den Ofen schieben und alle Cookies gleichzeitig backen.

einszwei:Zuckersüß!
Für eine süße Glasur 150 g Puderzucker mit 2 EL Orangensaft verrühren, die Cookies damit bestreichen und jeweils 1 gebrannte Erdnuss darauf setzen.

Weitere einszwei-Rezepte mit Nuss-Genuss:
Schokokuchen mit Marshmallows_Seite 37 · Nuss-Schnecken_Seite 49
Crunchy Vanilla-Cream-Cake_Seite 57

frei nach Birne Helene

Chocolate-Chips-Muffins mit Birnen

Für 12 Stück:
1 Dose Birnen (230 g Abtropfgewicht)
1 Beutel Muffinsteig mit Chocolate Chips
(z. B. von Nestlé, 550 g; aus dem Kühlregal)

Außerdem:
12 Papierförmchen für Muffins
1 Muffinsblech für 12 Muffins

Zubereitungszeit: ca. 10 Min.
Backzeit: ca. 25 Min.
Pro Stück ca. 195 kcal | 810 kJ | 2 g EW | 10 g F | 25 g KH

einszwei:Ohne Blech!
Wenn Sie kein Muffinsblech haben, kaufen Sie die dreifache Menge an Papierförmchen und setzen Sie jeweils drei Förmchen ineinander. Den Teig einfüllen, die Förmchen auf einem Backblech in den Ofen schieben und die Muffins wie beschrieben backen.

1 Den Backofen auf 180° (Umluft 160°) vorheizen. Die Birnen aus der Dose in ein Sieb abgießen und abtropfen lassen. Die Papierförmchen in die Vertiefungen des Muffinsblechs setzen.

2 Den Muffinsteig in die Vertiefungen füllen. Die Birnen in ca. 1 cm große Stücke schneiden, auf dem Teig verteilen und tief hineindrücken.

3 Das Blech auf den Rost in den heißen Ofen (Mitte) stellen und die Muffins in 20–25 Min. goldbraun backen. Kurz im Blech abkühlen lassen, dann herausnehmen.

einszwei:Ohne Förmchen!
Damit nichts haften bleibt, können Sie die Vertiefungen des Muffinsblechs auch mit neutralem Pflanzenöl oder Butter ausstreichen und die Papierförmchen weglassen.

OGGI SU "AFFARI & FINANZA"
Di chi è la colpa?
Del Governatore...
LA NUOVA FORMULA

Verführung auf die feine Art

Limoncello-Himbeer-Muffins

Für 12 Stück:
2 Eier (Größe M) | 200 g Mehl
2 gehäufte TL Backpulver
200 g Naturjoghurt
200 g Puderzucker
80 ml neutrales Pflanzenöl
200 g TK-Himbeeren
4 EL Limoncello
(italienischer Zitronenlikör)

Außerdem:
12 Papierförmchen für Muffins
1 Muffinsblech für 12 Muffins

Zubereitungszeit: ca. 20 Min.
Backzeit: ca. 25 Min.
Pro Stück ca. 190 kcal | 800 kJ | 4 g EW | 5 g F | 31 g KH

einszwei:Muffins auf Vorrat!
Füllen Sie den Teig in die Papierförmchen im Blech und lassen Sie die Muffins über Nacht im Tiefkühlschrank komplett durchfrieren. Packen Sie die TK-Muffins dann in Gefrierbeutel um und lagern Sie sie im Tiefkühlschrank. Wenn sich Spontanbesuch ankündigt, die tiefgekühlten Muffins einfach zurück ins Blech setzen – und ab damit in den Ofen. Die Backzeit verlängert sich um ca. 10 Min.

einszwei:Lust auf Schoko?
Dann ersetzen Sie doch einen Teil der Himbeeren (bitte nicht mehr als 100 g) durch grob gehackte weiße Schokolade. Und statt des Limoncellos vielleicht noch Schokolikör nehmen?

1 Die Eier aus dem Kühlschrank nehmen und Zimmertemperatur annehmen lassen (s. Tipp S. 9). Den Backofen auf 180° (Umluft 160°) vorheizen. Die Papierförmchen in die Vertiefungen des Muffinsblechs setzen (s. Tipps S. 25). Das Mehl abmessen.

2 Mehl und Backpulver in einer Schüssel vermischen. Den Joghurt in eine größere Rührschüssel geben. 120 g Puderzucker und das Öl abwiegen bzw. abmessen und mit den Eiern zum Joghurt geben. Mit den Schneebesen des Handrührgerätes glatt verrühren. Die Mehl-Backpulver-Mischung rasch unterrühren. Die Himbeeren (unaufgetaut!) zügig mit dem Rührlöffel untermengen.

3 Den Teig in die Blechvertiefungen füllen. Das Blech auf den Rost in den heißen Ofen (Mitte) stellen und die Muffins in ca. 25 Min. goldbraun backen. Für den Guss den restlichen Puderzucker mit dem Limoncello in einem Schüsselchen glatt verrühren. Den Guss mit Frischhalte- oder Alufolie luftdicht abdecken, bis die Muffins fertig sind. Die fertigen Muffins kurz im Blech abkühlen lassen, dann herausnehmen und mit dem Guss bestreichen (am besten mit einem Backpinsel).

einszwei:Limoncello forever!
Zusätzliches Aroma bekommen die Muffins, wenn Sie sie vor dem Bestreichen mit dem Guss noch mit etwas Limoncello beträufeln. Eisgekühlt schmeckt der Zitronenlikör als Digestif nach dem Essen oder als Partydrink: Je 2 Eiswürfel in ein Sektglas geben, je 2 cl Limoncello darüber gießen und die Gläser mit Prosecco auffüllen.

Weitere einszwei-Rezepte für beerige Typen:
Heidelbeer-Sauerrahm-Kuchen_Seite 61 · Beeren-Torteletts_Seite 73

Möhren-Muffins

einszwei:Muffins auf Vorrat!
Mit tiefgefrorenem Muffinsteig (s. Tipp S. 27) sind Sie in Sachen Uups-es-kommen-Gäste schon bestens gewappnet. Noch schneller geht es, wenn Sie die fertigen Muffins tiefkühlen (in Gefrierbeuteln oder Plastikdosen). So halten sie sich mindestens 6 Monate. Bei Bedarf nur noch fix im auf 200° vorgeheizten Backofen erwärmen – und wie frisch gebacken genießen!

Für 12 Stück:
1 Ei (Größe M) | 250 g Mehl
1/2 Päckchen Backpulver
100 g kandierte Walnüsse (fertig gekauft; ersatzweise gehackte Mandeln)
150 g Zucker
100 ml neutrales Pflanzenöl
150 g Naturjoghurt
1 Glas pürierte Möhren (Babykost, 190 g)

Außerdem:
12 Papierförmchen für Muffins
1 Muffinsblech für 12 Muffins

Zubereitungszeit: ca. 15 Min.
Backzeit: ca. 25 Min.
Pro Stück ca. 240 kcal | 1010 kJ | 4 g EW | 11 g F | 31 g KH

einszwei:Frische-Kick!
Sie können für die Muffins statt Möhrenpüree natürlich auch 250 g Möhren nehmen: einfach waschen, schälen und auf der Universalreibe fein reiben.

1 Das Ei aus dem Kühlschrank nehmen und Zimmertemperatur annehmen lassen (s. Tipp S. 9). Den Backofen auf 180° (Umluft 160°) vorheizen. Die Papierförmchen in die Vertiefungen des Muffinsblechs setzen (s. Tipps S. 25). Das Mehl abmessen.

2 Mehl und Backpulver mit den Walnüssen in einer Schüssel vermischen. Das Ei in eine größere Rührschüssel schlagen. Den Zucker abmessen und zum Ei geben. Das Öl abmessen und mit dem Naturjoghurt und den pürierten Möhren aus dem Glas ebenfalls in die Rührschüssel geben. Mit dem Schneebesen gut verrühren. Die Mehlmischung dazugeben und nur so lange unterrühren, bis alles gut vermischt ist.

3 Den Teig in die Vertiefungen füllen. Das Blech auf den Rost in den heißen Ofen (Mitte) stellen und die Muffins 20–25 Min. backen. Kurz im Blech abkühlen lassen, dann herausnehmen.

einszwei:Muffins aus der Flasche!
Wenn es noch schneller gehen soll, nehmen Sie Muffinsteig mit Zitronengeschmack aus der Plastikflasche (z. B. von Mondamin, 285 g) und fügen statt 200 ml Milch 200 ml Möhrensaft dazu. Kräftig durchschütteln und in die mit Papierförmchen ausgelegten Vertiefungen ins Blech gießen. Ergibt 6 tolle, knallorangefarbene Muffins.

Nougat-Kokos-Muffins

Für 12 Stück:
100 g Butter | 2 Eier (Größe M)
250 g Mehl | 1 Päckchen Backpulver
5 gehäufte EL Kokosraspel (fertig gekauft)
4 gehäufte EL Zucker
2–3 EL Nuss-Nougat-Creme (z. B. »Nutella«)
1 Becher Espresso (z. B. »Caffè Espresso«, 200 ml; aus dem Kühlregal)

Außerdem:
12 Papierförmchen für Muffins
1 Muffinsblech für 12 Muffins

Zubereitungszeit: ca. 15 Min.
Backzeit: ca. 25 Min.
Pro Stück ca. 215 kcal | 895 kJ | 4 g EW | 12 g F | 23 g KH

einszwei:Weil's schön macht!
Ersetzen Sie den Espresso nach Belieben durch Buttermilch! Für den Frischekick sorgen 50 g kandierte Ananas (fertig gekauft): einfach klein würfeln und unter den fertigen Teig mischen. Oder 100 g abgetropfte Mandarinenfilets (aus der Dose) und 2 TL ungesüßtes Kakaopulver unter den Teig ziehen und mitbacken!

1 Die Butter rechtzeitig aus dem Kühlschrank nehmen und weich werden lassen. Die Eier ebenfalls aus dem Kühlschrank nehmen und Zimmertemperatur annehmen lassen (s. Tipps S. 9). Den Backofen auf 180° (Umluft 160°) vorheizen. Die Papierförmchen in die Vertiefungen des Muffinsblechs setzen (s. Tipps S. 25). Das Mehl abmessen.

2 Mehl und Backpulver mit den Kokosraspeln in einer Schüssel vermischen. Die weiche Butter in eine größere Rührschüssel geben und mit dem Zucker, den Eiern, der Nuss-Nougat-Creme und dem Espresso mit dem Schneebesen glatt rühren. Die Mehlmischung dazugeben und nur so lange unterrühren, bis alles gut vermischt ist.

einszwei:Nuss-Nougat-Muffins!
Nehmen Sie statt Kokosraspeln gemahlene Haselnüsse und setzen Sie nach 10 Min. Backzeit in die Mitte der Muffins jeweils 1 Haselnuss-Gebäckpraline (z. B. »Giotto«).

3 Den Teig in die Vertiefungen füllen. Das Blech auf den Rost in den heißen Ofen (Mitte) stellen und die Muffins 20–25 Min. backen. Kurz im Blech abkühlen lassen, dann herausnehmen.

einszwei:Für den großen Auftritt!
Die abgekühlten Muffins mit Puderzucker bestäuben. Einen Klecks sprühfertige Schlagsahne in die Mitte geben und jeweils 1 Schokobohne darauf setzen!

Weiteres einszwei-Rezept mit schön viel Kokosaroma:
Weißer Kokostraum_Seite 89

Amarena-Waffeln

Für 5 Stück:
1 Glas Amarena-Kirschen (130 g Abtropfgewicht; ersatzweise Schattenmorellen)
300 ml Milch
1 Plastikflasche Waffelteig (z. B. von Ruf, 230 g, für 300 ml Milch)
ca. 2 EL neutrales Pflanzenöl
ca. 1 EL Puderzucker

Außerdem:
1 Waffeleisen

Zubereitungszeit: ca. 15 Min.
Backzeit: ca. 10 Min.
Pro Stück ca. 270 kcal | 1130 kJ | 6 g EW | 35 g F | 14 g KH

einszwei:Aufgepeppt!
Stellen Sie ein kleines Schälchen unter das Sieb, bevor Sie die Kirschen abgießen. Den aufgefangenen Sirup können Sie mit etwas Kirschwasser oder -likör (oder Fruchtsaft) aromatisieren und mit auf den Tisch stellen. Jeder kann sich dann nach Belieben etwas davon über die Waffeln träufeln. Und wie wär's mit einem Klecks Schlagsahne?

1 Das Waffeleisen auf Stufe 3–4 vorheizen. Die Kirschen aus dem Glas in ein Sieb abgießen und abtropfen lassen.

2 Die Milch bis zur Auffüllmarke in die Flasche mit der Teigmischung gießen, gut verschließen und 1 Min. kräftig durchschütteln. Die Kirschen mit einem großen Messer hacken, dann in die Flasche dazugeben und alles nochmals kurz und kräftig schütteln.

3 Das Waffeleisen mit etwas Öl ausstreichen. 3–4 EL Teig in die Mitte geben, das Waffeleisen schließen und die Waffel in ca. 2 Min. goldbraun backen. Aus dem Eisen lösen und abkühlen lassen. Nach und nach Waffeln backen, bis der gesamte Teig verbraucht ist. Die Waffeln mit Puderzucker bestäuben.

einszwei:Waffel raus!
Gerade zu Beginn des Waffelbackens ist das Eisen noch nicht richtig »geschmiert«. Fetten Sie zwischendurch noch mal nach. Falls die Waffeln trotzdem ein wenig anhängen, vorsichtig mit einem kleinen spitzen Messer lösen.

Weitere einszwei-Rezepte mit süßen Früchtchen:
Fruchtige Quarktäschchen_Seite 51 · Obsttorte mit Pfirsichen und Kirschen_Seite 63
Meringe-Törtchen mit Früchten_Seite 75

Marzipan-Krokant-Waffeln

Für 12 Stück:
150 g Butter | 100 g Marzipanrohmasse | 1 Packung Waffelteig-Grundmischung (z. B. »Herzwaffeln« von Gloria, 400 g)
2 Eier (Größe M) | 6 EL Milch
100 g Haselnusskrokant
ca. 4 EL neutrales Pflanzenöl
ca. 2 EL Puderzucker

Außerdem:
1 Waffeleisen

Zubereitungszeit: ca. 15 Min.
Backzeit: ca. 25 Min.
Pro Stück ca. 355 kcal | 1475 kJ | 5 g EW | 21 g F | 35 g KH

einszwei:Fix getauscht!
Statt Haselnusskrokant können Sie auch 50 g fein gemahlene Pistazien oder Mandeln unter den fertigen Marzipanteig rühren.

1 Die Butter rechtzeitig aus dem Kühlschrank nehmen und weich werden lassen (s. Tipp S. 9). Das Waffeleisen auf Stufe 3 vorheizen. Die Marzipanrohmasse auf der Universalreibe fein reiben.

2 Die Grundmischung mit der weichen Butter, den Eiern und der Milch in eine Rührschüssel geben und nach Packungsanweisung mit den Schneebesen des Handrührgerätes 3 Min. rühren. Die Marzipanrohmasse und den Haselnusskrokant unter den Teig rühren.

3 Das Waffeleisen mit etwas Öl ausstreichen. 2–3 EL Teig in die Mitte geben, das Waffeleisen schließen und die Waffel in ca. 2 Min. goldbraun backen. Aus dem Eisen lösen (s. Tipp S. 33) und abkühlen lassen. Nach und nach Waffeln backen, bis der gesamte Teig verbraucht ist. Abgekühlte Waffeln mit Puderzucker bestäuben.

einszwei:Schön dazu!
Frische Kirschen oder rote Grütze aus dem Glas mit etwas Sauerrahm! Oder probieren Sie mal Waffeln mit Marzipansahne: Einfach 1 EL Marzipan-Sahne-Likör unter 200 g steif geschlagene Sahne rühren und mit Vanilleeis zu den Waffeln servieren.

Weitere einszwei-Rezepte für Marzipan-Freunde:
Croissants mit Fruchtmarzipan_Seite 47 · Marzipan-Frucht-Taler_Seite 55

American Tradition
NET WEIGHT 150g
MINI

ohne Topping läuft nichts

Schokokuchen mit Marshmallows

Für ca. 10 Stück:
1 Packung backfertiger Schokokuchen-Rührteig in der Kastenform (450 g; aus dem Kühlregal)
80 g Nusskernmischung (fertig gekauft)
1 Hand voll Mini-Marshmallows

Zubereitungszeit: ca. 10 Min.
Backzeit: ca. 45 Min.
Bei 10 Stück pro Stück ca. 235 kcal | 990 kJ | 3 g EW | 13 g F | 25 g KH

1 Den Backofen auf 180° (Umluft 160°) vorheizen. Den Kuchenteig in der Form aus der Packung nehmen. Die Nusskernmischung mit einem großen Messer grob hacken.

2 Die Form auf den Rost in den heißen Ofen (Mitte) stellen und den Teig 10 Min. backen. Dann die Nüsse und die Marshmallows darauf verteilen und mit einem Löffel in den Teig drücken.

3 Den Schokokuchen in 30–35 Min. fertig backen.

einszwei:Aus groß mach klein!
Mini-Marshmallows führt nicht jeder Laden. Kein Problem! Wenn Sie keine Minis bekommen, nehmen Sie die Großen und schneiden Sie sie einfach mit der Küchenschere kleiner. Dabei die Schere immer wieder mal in Puderzucker oder Speisestärke tauchen, falls es sehr klebrig wird.

einszwei:Blitzvarianten!
Im Kühlregal keinen Rührteig in der Kastenform gefunden? Sie können auch fertigen Teig im Beutel verwenden und in eine gefettete Kastenform füllen. Oder eine fertige Schokokuchen-Backmischung (ebenfalls in der Form) aus dem Backzutatenregal wählen, die nur mit etwas Milch verrührt werden muss. Bei beiden Varianten Nüsse und Marshmallows gleich auf den Teig geben und ab in den Ofen damit. Und wenn Sie mögen, zusätzlich noch etwa die Hälfte der Nüsse durch grob gehackte Zartbitterschokolade ersetzen. Oder statt der Nussmischung Mandelsplitter nehmen.

Weiteres einszwei-Rezept für Schokosüchtige: *Schoko-Schichttorte_Seite 87*

Lieblings-Becherkuchen aus Grönland

Würziger Brotkuchen

Für 1 Kastenform von 30 cm Länge:
1 Becher = 200 ml
3 Becher Mehl
1 Päckchen Backpulver
3 Becher kernige Haferflocken
1 1/2 Becher Rohrzucker
1/2 Päckchen Lebkuchengewürz
2 EL ungesüßtes Kakaopulver
3 1/2 Becher Milch

Außerdem:
Fett für die Backform

Zubereitungszeit: ca. 15 Min.
Backzeit: ca. 1 Std.
Bei 16 Stück pro Stück ca.
240 kcal | 1010 kJ | 6 g EW | 4 g F | 45 g KH

einszwei:Becherkuchen!
Kuchen backen ohne Waage – für diesen schnellen Kuchen brauchen Sie zum Abmessen einen 200-ml-Becher, z. B. einen leeren Joghurt- oder Sahnebecher: einfach ausspülen, abtrocknen, und schon kann's losgehen!

einszwei:Tauschbörse!
Sie haben keinen Rohrzucker zu Hause? Dann nehmen Sie feinkörnigen weißen Zucker. Die Haferflocken können Sie auch durch eine nussige Müslimischung ersetzen. Und wenn es in Ihrem Supermarkt gerade kein Lebkuchengewürz gibt, stellen Sie eben Ihre eigene Würzmischung zusammen: 1 TL Ingwerpulver oder gemahlenen Kardamom, 1/2 TL Nelkenpulver und 1 TL Zimtpulver mischen, voilà!

1 Den Backofen auf 180° (Umluft 160°) vorheizen. Die Kastenform gründlich einfetten.

2 Das Mehl mit dem Backpulver in einer Rührschüssel mischen. Haferflocken, Rohrzucker, Lebkuchengewürz und Kakaopulver dazugeben und mit dem Rührlöffel vermengen. Die Milch in einen Topf gießen, erwärmen (aber nicht kochen lassen) und dazugeben. Alles gut verrühren.

3 Den Teig in die Form gießen. Die Form auf den Rost in den heißen Ofen (Mitte) stellen und den Kuchen ca. 1 Std. backen.

einszwei:Pausensnack!
Probieren Sie den Brotkuchen als Snack zwischendurch mit Butter, Frischkäse, Konfitüre oder 1 Scheibe Käse (z. B. Bergkäse) belegt.

unwiderstehlich

Vanille-Käsekuchen

Für 1 Springform von 26 cm Ø:
150 g Butter | 4 Eier (Größe M) | 200 g Zucker | 1 kg Magerquark
1 Päckchen Puddingpulver mit Vanillegeschmack (zum Kochen, für 1/2 l Milch)
2 Päckchen Bourbon-Vanillezucker

Außerdem:
Fett für die Backform

Zubereitungszeit: ca. 15 Min.
Backzeit: ca. 45 Min.
Bei 12 Stück pro Stück ca. 270 kcal | 1125 kJ | 13 g EW | 13 g F | 25 g KH

1 Die Butter rechtzeitig aus dem Kühlschrank nehmen und weich werden lassen (s. Tipp S. 9). Den Backofen auf 200° (Umluft 180°) vorheizen. Die Springform gründlich einfetten. Die Eier in einer Schüssel aufschlagen. Den Zucker abmessen.

2 Die Butter mit dem Zucker und dem Quark in eine Rührschüssel geben und mit den Schneebesen des Handrührgerätes cremig rühren. Das Puddingpulver und den Vanillezucker dazugeben und mit dem Rührlöffel gut mit der Quarkmasse verrühren. Die Eier nach und nach unterrühren.

3 Die Quarkmasse in die Form füllen. Die Form auf den Rost in den heißen Ofen (Mitte) stellen und den Kuchen ca. 45 Min. backen.

einszwei:Früchtekick!
1 kleine Dose Aprikosen (225 g Abtropfgewicht) gut abtropfen lassen, in Würfel schneiden und unter die Quarkmasse mischen. Oder auch fruchtig lecker: Die Schale von 1 unbehandelten Zitrone oder Limette (vorher heiß waschen!) fein abreiben und unterrühren.

einszwei:Schoko-Käsekuchen!
Bereiten Sie den Käsekuchenteig wie beschrieben zu. Dann 2 EL Instant-Schokoladenpulver (z. B. »Kaba«) und 1 TL Kaffeelikör (z. B. Kahlúa) unter eine Hälfte der Quarkmasse rühren. Die beiden Hälften wie bei einem Marmorkuchen abwechselnd in die Springform füllen und für den Marmoreffekt mit einer Gabel spiralförmig durchziehen.

Weitere einszwei-Rezepte für Vanille-Fans:
Zitronengras-Vanilla-Cookies_Seite 21 · Crunchy Vanilla-Cream-Cake_Seite 57
Vanille-Aprikosen-Torteletts_Seite 73

:gefüllt und belegt

Ein dickes, dickes Lob an all diejenigen, die das Kühlregal und die Tiefkühltruhe mit Teigen bestückt haben, die das Backen zum superschnellen Spaß machen. Wir sagen nur: **Mürbeteig, Blätterteig, Strudelteig** und **Hefeteig.**

All diese Teige gibt es – meistens bereits fertig ausgerollt und unterlegt mit Papier (macht das Entrollen richtig easy) – in eben jenen besagten Truhen oder Regalen im Supermarkt.

Kein langwieriges Teig-auf-Butter-Schichten für den Blätterteig mehr, kein Gehenlassen von empfindlichen Hefeteigen, kein heftiges Abschlagen vom Strudelteig, damit er elastisch wird, und kein anstrengendes Kneten (möglichst im Kühlen, da so Mürbeteig am besten gelingt, brrrr!). Alle aufwändigen Arbeiten des Teigmachens entfallen. TK-Teige müssen vorher nur noch auftauen – das geht am schnellsten, wenn Sie die Teigscheiben nebeneinander auf der Arbeitsfläche ausbreiten. Dann darf – einszwei – gefüllt und belegt werden!

Und das am besten mit feinen Sachen, die ebenfalls einen zackigen Umgang lieben: Obst aus der Konserve zum Beispiel. Dose oder Glas auf, Saft raus, **Frucht parat.** Klasse! Dazu halten Konserven mindestens ein Jahr und sind somit so gut wie immer einsatzbereit. Da nimmt man doch gerne mal den nicht allzu hohen Vitamingehalt (die heftige Hitze ist fürs Haltbarmachen einfach notwendig) in Kauf. Unser ganz heißer Tipp ist allerdings: tiefgekühlte Früchte verarbeiten, die ohne Nährstoffverluste sofort nach der Ernte im heimatlichen Land schockgefrostet wurden. Sie sind sofort backfertig (Waschen, Putzen, Zerkleinern war ja schon) und können zudem sechs Monate und länger im Kalten auf ihre Verwendung warten.

Auch nicht von Pappe: **Nüsse, Kerne** und **Samen** müssen höchstens noch gehackt oder gemahlen werden, bevor sie auf den »Einsatzort Teig« dürfen.

Aber genug der Theorie – auf in die Backstube!

Mohnsticks

Für ca. 30 Stück:
2 Rollen Blätterteig (je 270 g, 42 x 24 cm; aus dem Kühlregal)
1 Packung backfertige Mohnmischung (250 g)
ca. 2 EL Puderzucker

Außerdem:
Backpapier für das Backblech

Zubereitungszeit: ca. 15 Min.
Backzeit: ca. 10 Min.
Bei 30 Stück pro Stück ca.
95 kcal | 340 kJ | 1 g EW | 6 g F | 9 g KH

einszwei:Unbedingt probieren!
Preiselbeerkonfitüre, backfertige Nussmischung oder zimmerwarme Nuss-Nougat-Creme (z. B. »Nutella«) statt der Mohnmischung auf den Teig streichen. Oder den Teig mit geschmolzener Butter einpinseln und fein zerbröselte Amaretti (italienische Mandelmakronen) darüber streuen.

1 Den Backofen auf 220° (Umluft 200°) vorheizen. Das Backblech mit Backpapier auslegen. Beide Blätterteigplatten mit Hilfe des untergelegten Papiers nebeneinander auf der Arbeitsfläche entrollen, das Papier abziehen.

2 Die Mohnmischung mit einem großen Löffel gleichmäßig auf einer Teigplatte verstreichen. Die zweite Teigplatte darauf legen und leicht andrücken. Den Teig mit einem Pizzaschneider oder einem großen Messer von der Schmalseite her in ca. 1 1/2 cm breite Streifen schneiden.

3 Die Teigstreifen mit etwas Abstand auf das Blech legen. Das Blech in den heißen Ofen (Mitte) schieben und die Sticks in ca. 10 Min. knusprig backen. Auskühlen lassen und mit Puderzucker bestäuben.

einszwei:Hübsch gemacht!
Wer ein bisschen Eindruck schinden will, gibt den Sticks noch den richtigen Dreh: Die gefüllten Teigstreifen jeweils mit einem Ende auf das Blech legen und dort mit einer Hand festhalten. Mit der anderen Hand das zweite Ende fassen und den Streifen so lange vorsichtig drehen, bis eine Spirale entstanden ist.

blitzschnell gerollt

Croissants mit Fruchtmarzipan

Für 6 Stück:
1 Packung Croissant-Fertigteig (z. B. »Knack & Back«, 6 Stück, 250 g; aus dem Kühlregal)
1 Packung Früchte-Mix (gewürfelte, kandierte Früchte; z. B. von Schwartau, 100 g)
50 g Marzipanrohmasse | 1 TL Mandellikör (z. B. Amaretto)

Außerdem:
Backpapier für das Backblech

Zubereitungszeit: ca. 10 Min.
Backzeit: ca. 12 Min.
Pro Stück ca. 240 kcal | 1000 kJ | 4 g EW | 10 g F | 34 g KH

1 Den Backofen auf 200° (Umluft 180°) vorheizen. Das Backblech mit Backpapier auslegen. Die Croissant-Teigstücke auf der Arbeitsfläche auseinander rollen und mit etwas Abstand auf das Blech legen.

2 Den Früchte-Mix mit dem Marzipan und dem Mandellikör verkneten. Das Fruchtmarzipan mit einem Löffel gleichmäßig auf den Teigstücken verteilen, dabei einen ca. 1/2 cm breiten Rand lassen. Die Teigstücke von der Breitseite her einrollen.

3 Das Blech in den heißen Ofen (Mitte) schieben und die Croissants nach Packungsanweisung ca. 12 Min. backen.

einszwei:Ratzfatz getauscht!
Für Schoko-Croissants die Teigstücke mit je 2 Stück Zartbitterschokolade (z. B. »Schogetten«) belegen. Oder backen Sie die Croissants schnell zum Frühstück: die Teigstücke mit jeweils 1 TL Lieblingskonfitüre bestreichen, einrollen, backen – genießen!

einszwei:Fruchtige Varianten!
Je 50 g getrocknete Aprikosen und Apfelringe klein würfeln, mit 1 EL Zitronensaft vermischen. Die Mischung 10 Min. durchziehen lassen. Die Teigstücke damit belegen und wie beschrieben einrollen und backen. Auch superlecker: 100 g Frischkäse mit 1 EL Zitronensaft und 1 EL Puderzucker verrühren. 2 EL getrocknete Cranberries oder Rosinen unterrühren. Teigstücke mit der Creme bestreichen, einrollen und ruckzuck in den Ofen.

Weitere einszwei-Rezepte für Marzipan-Freunde:
Marzipan-Krokant-Waffeln_Seite 35 · Marzipan-Frucht-Taler_Seite 55

das duftet nach Weihnachten

Nuss-Schnecken

Für 12 Stück:
100 g Haselnussblättchen (fertig gekauft)
1 Rolle Blätterteig (270 g, 42 x 24 cm; aus dem Kühlregal) | 2 EL Nussöl
1 Packung backfertige Nussmischung (250 g)
1/2 TL Zimtpulver | 1 Prise Nelkenpulver

Außerdem:
Backpapier für das Backblech

Zubereitungszeit: ca. 10 Min.
Backzeit: ca. 15 Min.
Pro Stück ca. 280 kcal | 1180 kJ | 5 g EW | 24 g F | 11 g KH

einszwei:Nicht alles bekommen?
Statt 2 EL Nussöl nehmen Sie 2 EL zerlassene Butter. Die Haselnussblättchen können Sie auch durch gehackte Hasel- oder Walnüsse ersetzen.

1 Den Backofen auf 200° (Umluft 180°) vorheizen. Das Backblech mit Backpapier auslegen. Die Haselnussblättchen in einer beschichteten Pfanne ohne Fett unter Rühren leicht anrösten und in eine Schüssel geben. Den Blätterteig mit Hilfe des untergelegten Papiers auf der Arbeitsfläche entrollen, das Papier abziehen. Den Teig mit 1 EL Nussöl bestreichen (am besten mit einem Backpinsel).

2 Die Nussmischung zu den Haselnussblättchen geben. Mit Zimt- und Nelkenpulver würzen, alles gut vermischen. Die Nussmasse mit einem Löffel auf den Blätterteig streichen, dabei einen ca. 1 cm breiten Rand lassen. Den Teig von der Längsseite her einrollen und die Rolle mit einem scharfen Messer in 12 gleich große Scheiben schneiden.

3 Die Teigscheiben auf das Blech legen und mit dem restlichen Öl bestreichen. Das Blech in den heißen Ofen (Mitte) schieben und die Nuss-Schnecken in ca. 15 Min. goldbraun backen.

einszwei:Perfekter Schnitt!
Die Nussrolle in Frischhaltefolie einpacken und 10 Min. ins Tiefkühlfach legen, danach lässt sie sich ganz leicht in Scheiben schneiden.

einszwei:Mohnschnecken!
1 Packung backfertige Mohnmischung (250 g) mit 100 g Rumrosinen (fertig gekauft) und 4 EL gemahlenen Mandeln vermischen. Die Masse auf den entrollten Blätterteig geben, den Teig aufrollen und in 12 Scheiben schneiden. Teigscheiben auf ein mit Backpapier ausgelegtes Blech legen und wie beschrieben backen.

Weitere einszwei-Rezepte mit Nuss-Genuss:
Peanut-Cookies_Seite 23
Schokokuchen mit Marshmallows_Seite 37
Crunchy Vanilla-Cream-Cake_Seite 57

Quick-and-easy-Päckchen

Fruchtige Quarktäschchen

Für 6 Stück:
6 quadratische Scheiben TK-Blätterteig (belegfertig, 300 g)
1 Dose Mangos (225 g Abtropfgewicht)
1 Ei (Größe M) | 200 g Magerquark | 1 Päckchen Puddingpulver mit Vanillegeschmack (zum Kochen, für 1/2 l Milch)
2 EL Schmand (ersatzweise saure Sahne) | 2 gehäufte EL Puderzucker

Außerdem: Backpapier für das Backblech

einszwei:Obstbasar!
Statt Mangos können Sie auch anderes Obst nehmen: Wie wär's mit Kirschen aus dem Glas oder Pfirsichen oder Mandarinen aus der Dose?

Zubereitungszeit: ca. 15 Min.
Backzeit: ca. 20 Min.
Pro Stück ca. 295 kcal | 1240 kJ | 8 g EW | 15 g F | 33 g KH

1 Die Blätterteigscheiben aus dem Tiefkühlfach nehmen, nebeneinander auf der Arbeitsfläche ausbreiten und 10 Min. antauen lassen. Die Mangos aus der Dose in ein Sieb abgießen und abtropfen lassen. Den Backofen auf 200° (Umluft 180°) vorheizen. Das Backblech mit Backpapier auslegen. Das Ei trennen: Das Eiweiß in einen hohen Rührbecher, das Eigelb in eine Tasse geben und beiseite stellen.

2 Die Mangos grob würfeln. Das Eiweiß mit den Schneebesen des Handrührgerätes steif schlagen. Den Quark in eine Rührschüssel geben, das Puddingpulver, den Schmand und den Puderzucker unterrühren. Den Eischnee und die Mangowürfel mit einem Teigschaber oder Löffel unterheben. Die Quarkmasse auf den Teigscheiben verteilen, dabei einen ca. 1 cm breiten Rand lassen. Die Ränder mit etwas Wasser einpinseln. Die Spitzen zur Mitte hin klappen, leicht zusammendrücken und zu einer Spitze verdrehen.

einszwei:Eischnee!
Achten Sie darauf, dass Schneebesen und Rührbecher trocken und fettfrei sind und das Eiweiß keine Spur von Eigelb enthält, sonst wird das Eiweiß beim Schlagen nicht steif. Eischnee immer vorsichtig unterheben (nicht unterrühren!), damit alles schön luftig bleibt.

3 Die Täschchen auf das Blech setzen. Das Eigelb mit 1 EL Wasser verrühren und die Täschchen damit bestreichen (am besten mit einem Backpinsel). Das Blech in den heißen Ofen (Mitte) schieben und die Quarktäschchen ca. 20 Min. backen.

einszwei:Fruchtige Mini-Quark-Törtchen!
Die Blätterteigplatten 10 Min. antauen lassen, dann aufeinander legen und dünn ausrollen. Die Vertiefungen eines 12er-Muffinsblechs mit Öl ausstreichen. Aus dem Teig mit einem Glas (ca. 12 cm Ø) Kreise ausstechen, diese in die Blechvertiefungen drücken. 1–2 EL Quarkmasse darauf geben. Jeweils 3–4 abgetropfte Kirschen (aus dem Glas) darauf verteilen und die Mini-Törtchen ca. 20 Min. backen.

Weitere einszwei-Rezepte mit süßen Früchtchen:
Amarena-Waffeln_Seite 33 · Obsttorte mit Pfirsichen und Kirschen_Seite 63 · Meringe-Törtchen mit Früchten_Seite 75

Knusprige Apfelpäckchen

Für 4 Stück:
2 EL Butter
1 großes rundes Yufka-Teigblatt (ca. 120 g, 60 cm Ø; aus dem Kühlregal im türkischen Lebensmittelgeschäft; ersatzweise Filoteig)
4 kleine säuerliche Äpfel (z. B. Boskop; je ca. 180 g)
2 EL Rumrosinen (fertig gekauft)
4 EL Pinienkerne (ersatzweise Walnusskernhälften; s. Tipp S. 75)
4 EL Karamellsauce (z. B. von Schwartau)
100 ml Cidre (französischer Apfelwein)

Außerdem:
1 ofenfeste Form

Zubereitungszeit: ca. 20 Min.
Backzeit: ca. 25 Min.
Pro Stück ca. 310 kcal | 1305 kJ | 4 g EW | 13 g F | 40 g KH

einszwei:Reste verwerten!
Restliche Rumrosinen können Sie mit den Aprikosen auf dem Strudel von Seite 67 verteilen oder für die Mohnschnecken von Seite 49 verwenden. Sie lassen sich auch gut portionsweise in kleinen Plastikdöschen einfrieren.

einszwei:Fix verfeinert!
Dessertsaucen gibt es in verschiedenen Geschmacksrichtungen (Karamell, Himbeere, Schokolade, Cassis) in kleinen Flaschen im Backzutatenregal. Übrige Sauce im Kühlschrank griffbereit aufbewahren und nach Belieben über Eis, Pudding, Waffeln oder Crêpes träufeln.

1 Den Backofen auf 180° (Umluft 160°) vorheizen. Die Butter in eine kleine Keramikschüssel geben und in den Ofen stellen, bis sie geschmolzen ist. Das Yufka-Teigblatt vorsichtig auf der Arbeitsfläche ausbreiten und mit der Küchenschere in 4 gleich große »Tortenstücke« schneiden.

2 Die Äpfel schälen, das Kerngehäuse ausstechen. Je 1 Apfel auf ein Teigviertel setzen. Die Äpfel mit den Rumrosinen und Pinienkernen füllen (Walnusskernhälften vorher grob hacken). Jeweils 1 EL Karamellsauce darüber träufeln. Die Äpfel mit dem Teig umhüllen und in eine ofenfeste Form setzen.

einszwei:Kerngehäuse weg!
Profis nehmen den Fruchtentkerner, es geht aber genauso gut mit einem kleinen Messer mit langer Klinge: einfach den Apfel rund um das Kerngehäuse einstechen und das Gehäuse herauslösen. Sollte es noch irgendwo hängen, nochmals mit dem Messer lösen.

3 Die Apfelpäckchen mit der Butter einpinseln. Den Cidre abmessen und auf den Boden der Form gießen. Die Form auf den Rost in den heißen Ofen (Mitte) stellen und die Äpfel in ca. 25 Min. goldbraun und knusprig backen.

Weiteres einszwei-Rezept für Rosinen-Picker: *Hefestreuselkuchen vom Blech_Seite 65*

lecker zum Milchkaffee

Marzipan-Frucht-Taler

Für 8 Stück:
8 Mürbeteig-Torteletts (8 cm Ø;
aus dem Backwaren- oder Keksregal)
100 g Marzipanrohmasse
8 EL Fruchtaufstrich (Sorte nach Geschmack)

Außerdem:
Backpapier für das Backblech

Zubereitungszeit: ca. 15 Min.
Backzeit: ca. 10 Min.
Pro Stück ca. 250 kcal | 1050 kJ | 3 g EW | 12 g F | 32 g KH

einszwei:Gut in Form!
Statt Backpapier können Sie auch Aluförmchen in passender Größe nehmen (gibt's im Haushaltswarengeschäft): Torteletts hineinsetzen, belegen, backen und in den Förmchen servieren.

1 Den Backofen auf 200° (Umluft 180°) vorheizen. Das Backblech mit Backpapier auslegen. Die Torteletts auf der Arbeitsplatte ausbreiten. Das Marzipan mit einem langen, schmalen Messer längs in möglichst dünne Scheiben schneiden und diese dann in feine lange Streifen teilen.

einszwei:Marzipan fein schneiden ...
... geht besonders einfach, wenn Sie das Marzipan vorher 15–30 Min. ins Tiefkühlfach legen. Dort friert es ein wenig an, wird dadurch stabiler und kann so perfekt mit dem Messer dünn geschnitten werden.

2 Jeweils 1 EL Fruchtaufstrich auf den Torteletts verteilen und die Marzipanstreifen gitterartig darauf legen.

3 Die Torteletts mit etwas Abstand auf das Blech setzen. Das Blech in den heißen Ofen (Mitte) schieben und die Torteletts ca. 10 Min. backen, bis die Marzipanstreifen goldbraun sind.

einszwei:Lust auf Nuss?
Auch das Aroma von Nüssen passt perfekt zum Marzipan: Statt des Fruchtaufstrichs 1 Packung backfertige Nussmischung (250 g) auf den Torteletts verteilen.

Weitere einszwei-Rezepte für Marzipan-Freunde:
Marzipan-Krokant-Waffeln_Seite 35 · Croissants mit Fruchtmarzipan_Seite 47

Achtung! Puddingpulver wie normal in ein bisschen kalte Milch verrühren – sonst Klumpen

Crunchy Vanilla-Cream-Cake

Für 1 Springform von 26 cm Ø

1 Tüte Macadamia-Nusskerne (100 g, ersatzweise gehackte Mandeln; s. Tipp S. 75)
1 Rolle Mürbeteig (270 g, 24 x 40 cm; aus dem Kühlregal) | 1/2 l Milch
1 Päckchen Cremepuddingpulver mit Vanillegeschmack (für 1/2 l heiße Milch)
2 EL Puderzucker

Außerdem:
Fett für die Backform

Zubereitungszeit: ca. 20 Min.
Backzeit: ca. 30 Min.
Bei 12 Stück pro Stück ca. 150 kcal | 620 kJ | 3 g EW | 5 g F | 24 g KH

einszwei:Fix getauscht!
Genauso lecker und crunchy: Cremepudding mit Schoko- oder Grießgeschmack statt Vanille. Gut kombinierbar mit Pecannusskernen oder Mandeln.

1 Den Backofen auf 200° (Umluft 180°) vorheizen. Die Springform einfetten. Die Nüsse mit einem großen Messer grob hacken. Den Mürbeteig mit Hilfe des untergelegten Papiers auf der Arbeitsfläche entrollen, das Papier abziehen. Die Springform darauf setzen, andrücken und wieder entfernen. Den Teigkreis entlang der Markierung ausschneiden und als Boden in die Form legen. Aus dem übrigen Teig lange Streifen (ca. 2–4 cm breit) schneiden und in der Form einen Teigrand daraus formen. Kühl stellen.

einszwei:Gut gerollt!
Kommt der Mürbeteig ganz frisch aus dem Kühlschrank, ist er noch recht hart und kann beim Entrollen eventuell brechen. Also Vorsicht walten lassen und nicht hudeln. Oder den Teig ein paar Minuten vorm Gebrauch aus dem Kühlschrank nehmen und etwas wärmer und elastischer werden lassen.

2 Die Milch abmessen, in einen Topf gießen, einmal aufkochen lassen und vom Herd nehmen. Das Puddingpulver dazugeben und mit dem Schneebesen kräftig durchrühren, bis eine dickliche glatte Creme entstanden ist. Die Creme auf dem Teig verstreichen. Die Nüsse darauf streuen und mit dem Puderzucker bestäuben.

3 Die Form auf den Ofenboden stellen und den Kuchen ca. 30 Min. backen, bis die Nüsse geröstet sind, der Puderzucker leicht karamellisiert und der Teig knusprig ist.

Weitere einszwei-Rezepte für Vanille-Fans:
Zitronengras-Vanilla-Cookies_Seite 21
Vanille-Käsekuchen_Seite 41
Vanille-Aprikosen-Torteletts_Seite 73

Gestürzte Birnen-Tarte

Für 1 Tarte-, Quiche- oder Springform von 30 cm Ø:
4–5 große Birnen (ca. 1 kg)
2 EL Butter
1 Rolle Blätterteig
(230 g, 32 cm Ø; aus dem Kühlregal)
4 EL Zucker

Zubereitungszeit: ca. 20 Min.
Backzeit: ca. 25 Min.
Bei 10 Stück pro Stück ca. 165 kcal | 695 kJ | 1 g EW | 8 g F | 21 g KH

einszwei:Eingeladen?
Und kulinarisches Mitbringsel gefragt? Hier ist die Birnen-Tarte die perfekte Lösung. Tarte backen, in der Form transportieren (dabei ziehen die Birnen auch noch im eigenen Saft und nehmen Aroma an) und beim Gastgeber mit gekonntem Griff und Schwung unter zahlreichen »Ahs« und »Ohs« auf eine Platte stürzen.

1 Den Backofen auf 220° (Umluft 200°) vorheizen. Die Birnen schälen, vierteln und das Kerngehäuse herausschneiden. Die Butter in kleine Flöckchen schneiden. Den Blätterteig mit Hilfe des untergelegten Papiers auf der Arbeitsfläche entrollen, das Papier abziehen. Den Teig mit einer Gabel mehrmals einstechen.

2 Die Butterflöckchen in der Backform verteilen, den Zucker gleichmäßig darüber streuen. Die Birnenviertel sternförmig mit der Wölbung nach unten hineinsetzen. Den Blätterteig locker darüber legen, den Teigrand leicht nach unten an die Birnen drücken.

3 Die Form auf den Rost in den heißen Ofen (unten) stellen und die Birnen-Tarte ca. 25 Min. backen, bis der Teig schön knusprig und goldbraun ist. Herausnehmen und die Tarte lauwarm werden lassen. Dann auf eine große Platte stürzen.

einszwei:Umgedreht!
Da die Birnen während des Backens Saft ziehen, zum Wenden unbedingt eine tiefere Platte nehmen, die größer ist als die Form. Die Platte umgedreht auf die Form legen, beides gut festhalten und aufeinander drücken. Nun gemeinsam umdrehen, so dass die Tarte gestürzt auf der Platte liegt. Die Form abheben. Voilà! Zu kompliziert? Dann servieren Sie die Tarte einfach mit dem Boden nach oben, vorher in der Form in Stücke schneiden.

Heidelbeer-Sauerrahm-Kuchen

Für 1 Backblech:
1 Rolle Hefeteig (450 g, 25 x 40 cm; aus dem Kühlregal)
130 g Zucker | 600 g saure Sahne
6 Eier (Größe M)
2 Päckchen Bourbon-Vanillezucker
1 stark gehäufter EL Speisestärke
600 g TK-Heidelbeeren (ersatzweise TK-Himbeeren oder TK-Brombeeren)
ca. 2 EL Puderzucker

einszwei:Aus der Tiefkühltruhe!
Wenn Sie keinen Hefeteig aus dem Kühlregal bekommen, nehmen Sie 450 g TK-Hefeteig, diesen wie auf Seite 65 in Step 1 beschrieben vor dem Belegen auftauen und gehen lassen.

Außerdem:
Backpapier für das Backblech

Zubereitungszeit: ca. 15 Min.
Backzeit: ca. 45 Min.
Bei 16 Stück pro Stück ca. 230 kcal | 955 kJ | 6 g EW | 8 g F | 33 g KH

1 Den Hefeteig aus dem Kühlschrank nehmen. Den Backofen auf 180° (Umluft 160°) vorheizen. Ein tiefes Backblech mit Backpapier auslegen. Den Hefeteig mit Hilfe des untergelegten Papiers auf dem Blech entrollen, das Papier abziehen. Den Teig mit dem Nudelholz (s. Tipp S. 14) noch ein wenig ausrollen und der Blechgröße anpassen. Den Zucker abmessen.

einszwei:So geht's auch!
Sie haben kein tiefes Backblech? Dann ziehen Sie den Rand eines normalen Blechs mit Backpapier höher. So kann der Teig optimal aufgehen und es läuft nichts über.

2 Saure Sahne, Eier, Vanillezucker, Zucker und Stärke in eine Schüssel geben und mit dem Schneebesen glatt verrühren. Die Masse auf dem Teig verstreichen, die Heidelbeeren (unaufgetaut!) darauf verteilen.

3 Das Blech in den heißen Ofen (unten) schieben und den Kuchen in ca. 45 Min. goldbraun backen. Auskühlen lassen und mit Puderzucker bestäuben.

Weitere einszwei-Rezepte für beerige Typen:
Limoncello-Himbeer-Muffins_Seite 27
Beeren-Torteletts_Seite 73

Obsttorte mit Pfirsichen und Kirschen

Für 8 Stück:
1 Biskuitboden (24–28 cm Ø; aus dem Backwarenregal)
1 Dose Pfirsiche (470 g Abtropfgewicht)
1 Glas Kaiserkirschen (195 g Abtropfgewicht; ersatzweise Schattenmorellen)
1/4 l Pfirsichnektar (aus der Flasche)
1 EL Zitronensaft
1 Päckchen Cremepuddingpulver mit Vanillegeschmack (kalt gerührt, für 1/2 l Milch)
1 Päckchen Tortengusspulver (klar, für 1/4 l Flüssigkeit)

einszwei:Biskuit selbst gemacht!
Den Boden einer Springform (26 cm Ø) einfetten. 3 Eier mit 90 g Zucker mit den Schneebesen des Handrührgerätes 5 Min. sehr schaumig schlagen. 90 g Mehl mit einem großen Löffel locker unterheben. Den Teig in die Form füllen und im auf 200° vorgeheizten Ofen (Mitte, Umluft 180°) ca. 15 Min. backen.

Zubereitungszeit: ca. 15 Min.
Pro Stück ca. 145 kcal | 615 kJ | 2 g EW | 1 g F | 33 g KH

1 Den Biskuitboden auf eine Platte legen. Die Pfirsiche aus der Dose in ein Sieb abgießen und abtropfen lassen, dabei den Saft in einer Schüssel auffangen, 1/4 l Saft abmessen und für den Guss in einen Topf gießen. Die Kirschen aus dem Glas ebenfalls abgießen und gut abtropfen lassen.

2 Den Pfirsichnektar mit dem Zitronensaft in einen hohen Rührbecher füllen, das Puddingpulver unterrühren, dann mit den Schneebesen des Handrührgerätes ca. 1 Min. cremig schlagen. Die Creme auf dem Biskuitboden verstreichen. Die Pfirsichhälften mit der Wölbung nach oben auf den Boden setzen und die Kirschen nach Belieben dazwischen verteilen.

einszwei:Mit Schwips!
Statt der Pfirsichcreme können Sie auch 1 EL Orangenlikör (z. B. Cointreau) mit 3 EL Aprikosenkonfitüre verrühren, auf den Biskuitboden streichen und mit den Pfirsichen und Kirschen belegen.

3 Für den Guss den Topf auf den Herd stellen und das Tortengusspulver mit dem Schneebesen unter den Pfirsichsaft rühren, langsam unter Rühren erhitzen und einmal kurz aufkochen lassen. Den fertigen und noch warmen Tortenguss mit einem Löffel von der Mitte aus auf den Früchten verteilen.

Weitere einszwei-Rezepte mit süßen Früchtchen:
Amarena-Waffeln_Seite 33
Fruchtige Quarktäschchen_Seite 51
Meringe-Törtchen mit Früchten_Seite 75

450g ℮

schlichter Klassiker

Hefestreuselkuchen vom Blech

Für 1 Backblech:
1 Packung TK-Hefeteig (450 g) | 1/2 l Milch
2 Päckchen backfestes Puddingcremepulver mit Vanillegeschmack (ohne Kochen, für je 1/4 l Milch)
100 g Rosinen
1 Packung Streuselteig-Grundmischung (400 g)
125 g Butter | 1 Ei (Größe M)
3 EL Aprikosenkonfitüre

Außerdem:
Fett für das Backblech

Zeit zum Auftauen: ca. 30 Min.
Zubereitungszeit: ca. 20 Min.
Backzeit: ca. 35 Min.
Bei 16 Stück pro Stück ca. 295 kcal | 1240 kJ | 6 g EW | 11 g F | 45 g KH

einszwei:Ratzfatz getauscht!
Für einen blitzschnellen Streuselkuchen können Sie auch einen fertig ausgerollten Blätter- oder Mürbeteig aus dem Kühlregal nehmen.

1 Den Hefeteig rechtzeitig aus dem Tiefkühlfach nehmen und bei Zimmertemperatur 20–30 Min. auftauen lassen. Dann das Backblech einfetten, den Hefeteig auf das Blech legen und mit dem Nudelholz (s. Tipp S. 14) auf Blechgröße ausrollen. Mit einem Küchentuch abdecken und 15 Min. an einem warmen Ort gehen lassen. Den Backofen auf 200° (Umluft 180°) vorheizen.

2 Die Milch in einen hohen Rührbecher füllen, das Puddingpulver hinzufügen und mit den Schneebesen des Handrührgerätes cremig schlagen. Die Rosinen unter die Puddingcreme rühren.
Für die Streusel die Streuselteig-Grundmischung in eine Schüssel geben. Die Butter in kleine Flöckchen schneiden und mit dem Ei dazugeben. Alles mit den Schneebesen des Handrührgerätes zu Streuseln verarbeiten.

3 Den Hefeteig mit der Aprikosenkonfitüre bestreichen. Die Puddingcreme darauf verteilen und mit den Streuseln belegen. Das Blech in den heißen Ofen (Mitte) schieben und den Kuchen ca. 35 Min. backen.

einszwei:Streusel zubereiten!
So geht es ohne Teigmischung: 250 g Mehl in eine Schüssel geben. 200 g Zucker, 1 Päckchen Vanillezucker und 200 g Butter in Flöckchen hinzufügen. Mit den Händen rasch zu Streuseln verarbeiten. Die Streusel lassen sich auch gut vorbereiten: zugedeckt im Kühlschrank aufbewahren oder einfrieren. Für Nussstreusel nehmen Sie nur 150 g Mehl und dazu 100 g gemahlene Nüsse.

Weiteres einszwei-Rezept für Rosinen-Picker: *Knusprige Apfelpäckchen_Seite 53*

echte Konkurrenz fürs Original

Aprikosen-Knusper-Strudel

Für 6 Stück:
1 Dose Aprikosen (ca. 500 g Abtropfgewicht)
2 Päckchen Strudelteig (je 100 g, je 1 Strudelblatt; aus dem Kühlregal)
200 g Schmand (ersatzweise saure Sahne)
150 g knuspriges Müsli (am besten mit vielen Mandeln oder Nüssen und ohne Cornflakes)

Außerdem:
Backpapier für das Backblech

Zubereitungszeit: ca. 15 Min.
Backzeit: ca. 30 Min.
Pro Stück ca. 350 kcal | 1465 kJ | 6 g EW | 14 g F | 50 g KH

1 Den Backofen auf 200° (Umluft 180°) vorheizen. Das Backblech mit Backpapier auslegen. Die Aprikosen aus der Dose in ein Sieb abgießen und abtropfen lassen. Ein Strudelblatt auf der Arbeitsfläche ausbreiten (am besten auf einem Küchentuch, so lässt sich der Strudel leichter aufrollen), mit etwas Wasser bestreichen und das zweite Strudelblatt darauf legen.

2 Die Aprikosen mit einem großen Messer grob hacken. Den Schmand (gleich im Becher) mit einer Gabel glatt rühren und auf dem Strudelteig verstreichen. Dabei einen ca. 2 cm breiten Rand frei lassen. Die Aprikosen und das Müsli darauf verteilen.

3 Die frei gelassenen Teigränder einschlagen, den Strudel (mit Hilfe des Küchentuchs) aufrollen und auf das Blech legen. Das Blech in den Ofen (Mitte) schieben und den Strudel in ca. 30 Min. knusprig backen.

einszwei:Verfeinern!
Noch besser schmeckt der Strudel, wenn Sie ihn statt mit Wasser mit 2–3 EL zerlassener Butter bestreichen.

einszwei:Strudel rollen!
Nehmen Sie den vorderen Tuchteil in beide Hände, ziehen Sie das Tuch langsam immer weiter nach oben und formen Sie den Strudel auf diese Weise zur Rolle. Achten Sie darauf, dass zum Schluss die Nahtstelle oben liegt. Raffen Sie das Tuch rund um den Strudel zusammen, dann leicht spannen, anheben und den Strudel mit der Naht nach unten auf das Blech gleiten lassen.

einszwei:Auf den Tisch!
Den Strudel unbedingt lauwarm servieren und mit leicht gesüßter Schlagsahne, cremigem Vanilleeis oder Vanillesauce (gibt's im Tetrapak) kombinieren.

WEISSE

Kirschstrudel mit weißer Schokosauce

Für 6 Stück:
2 Gläser Sauerkirschen (je 370 g Abtropfgewicht)
2 Becher Milchreis mit Zimt (je 150 g; aus dem Kühlregal)
100 g gemahlene Mandeln
2 Päckchen Strudelteig (je 100 g,
je 1 Strudelblatt; aus dem Kühlregal)
200 g Sahne
100 g weiße Schokolade
ca. 1 EL Puderzucker

Außerdem:
Backpapier für das Backblech

Zubereitungszeit: ca. 20 Min.
Backzeit: ca. 30 Min.
Pro Stück ca. 560 kcal | 2350 kJ | 10 g EW | 30 g F | 64 g KH

einszwei:Mehr Nuss!
Falls Sie keinen fertigen Milchreis bekommen, können Sie auch 200 g gemahlene Haselnüsse mit 2 EL Zucker, 4 EL Sahne und 2 EL Kirschwasser (wer mag) mischen, auf dem Strudelteig verteilen und mit den Kirschen belegen.

einszwei:Strudelteig!
Probieren Sie den Strudel mal mit Filo- oder Yufkateig (aus dem türkischen Lebensmittelgeschäft). 4 Teigblätter jeweils mit etwas zerlassener Butter bestreichen und aufeinander legen. Mit Nuss- oder Milchreismischung und Kirschen belegen und aufrollen. Den Teig vor dem Backen mit 1 Eigelb oder 2 EL flüssiger Sahne bestreichen.

1 Den Backofen auf 200° (Umluft 180°) vorheizen. Das Backblech mit Backpapier auslegen. Die Sauerkirschen aus dem Glas in ein Sieb abgießen und gut abtropfen lassen. Den Milchreis in eine Schüssel geben und mit den Mandeln vermischen. Ein Strudelblatt auf der Arbeitsfläche ausbreiten (am besten auf einem Küchentuch, so lässt sich der Strudel leichter aufrollen) und mit etwas Wasser bestreichen (s. Tipps S. 67). Das zweite Strudelblatt darauf legen.

2 Die Milchreis-Mandel-Mischung auf dem Strudelteig verstreichen. Die Kirschen darüber verteilen. Dabei einen ca. 2 cm breiten Rand frei lassen.

3 Die frei gelassenen Teigränder einschlagen, den Strudel (mit Hilfe des Küchentuchs) aufrollen und auf das Blech legen. Das Blech in den Ofen (Mitte) schieben und den Strudel ca. 30 Min. backen. Für die Sauce die Sahne in einen Topf gießen und erhitzen. Die Schokolade in Stücke brechen, dazugeben und bei mittlerer Hitze unter Rühren schmelzen lassen. Den Strudel aus dem Ofen nehmen, noch warm mit Puderzucker bestäuben und mit der Schokosauce anrichten.

:ohne Backen

Es lebe der **Kühlschrank,** der Ofen ist out! Zumindest gilt das für all jene süßen Törtchen und Torten, deren Rezepte Sie beim Umblättern auf den nächsten Seiten finden. Moment mal, das hieße ja, ohne Hitze zu backen. Geht das denn? Klar! Nichts einfacher als das!

Willkommen in der Wunderwelt des Ohne-Ofen-Backens! Auf schaumigen Meringe-Nestern thronen **zartschmelzende** Zitroneneiskugeln. Knackige Cantuccini-Brösel saugen sich nach und nach mit der besten Frischkäsemischung der Welt voll. Eine samtige Vanillecreme und süß-fruchtige Beeren toppen **knusprige** Mürbeteig-Tortelettes. Espresso-getränkte Biskuits sind eingebettet zwischen Mascarponeschichten und warten sehnsüchtig auf einen Hauch Kakao ...

Was Sie für diese verführerischen Schleckereien haben müssen? **Lust auf Süßes** natürlich! Und die eine oder andere Glas- oder Keramikform (rund oder eckig und mit etwas höherem Rand, damit gut eingeschichtet werden kann) sowie eine große Kuchen- oder Servierplatte sollten im Haus sein. Eine Springform wäre ebenfalls hilfreich. Ach, und der Schneebesen und das Handrührgerät nebst ein paar Löffeln dürfen natürlich nicht fehlen. Bei jedem Rezept und vorne im Buch (siehe Seite 14/15) steht noch mal alles, was gebraucht wird und wichtig ist.

Durchgecheckt? Dann schnell fehlende Zutaten eingekauft und ran an den Schneebesen! Halt, eins noch: Schauen Sie beim Einkauf genau hin! Lesen Sie auch das **»Kleingedruckte«** auf der Rückseite der Verpackungen. Je kürzer die Zutatenliste ist und je weniger E-Nummern und Konservierungsstoffe enthalten sind, desto besser. Wer an bestes frisches Obst kommt (eigener Garten, Bio-Ware), kann auch gerne dazu greifen, anstatt Dosen- oder TK-Ware zu nehmen. Braucht halt ein bisschen mehr Zeit zum Vorbereiten. Genug der Worte, jetzt aber ...!

Sommerglück für Groß und Klein

Beeren-Torteletts

Für 8 Stück: 8 Mürbeteig-Torteletts (ca. 8 cm Ø; aus dem Backwarenregal)
300 g Beeren (z. B. Himbeeren, Erdbeeren) | 200 g Erdbeer-Joghurt für Kinder (z. B. 4 »Fruchtzwerge«)
4 EL Raspelschokolade | 200 ml Apfelsaft | 2 EL Himbeersirup (aus dem Glas)
1 Päckchen Tortengusspulver (klar, für 1/4 l Flüssigkeit)

Zubereitungszeit: ca. 10 Min.
Pro Stück ca. 245 kcal | 1035 kJ | 3 g EW | 11 g F | 32 g KH

einszwei:Und der Rest?
Himbeersirup gibt es in kleinen Flaschen zu kaufen. Den Sirup nach dem Öffnen im Kühlschrank aufbewahren – so haben Sie ruckzuck eine leckere Dessertsauce z. B. zu Vanillepudding oder Vanilleeis.

1 Die Torteletts auf der Arbeitsfläche ausbreiten. Die Beeren verlesen, wenn nötig waschen und gut abtropfen lassen.

2 Die Joghurts in einer Schüssel mit der Raspelschokolade vermischen. Die Mischung auf den Torteletts verstreichen. Die Beeren darüber verteilen.

3 Den Apfelsaft abmessen und mit dem Himbeersirup in einen Topf geben. Das Tortengusspulver mit dem Schneebesen unterrühren, langsam unter Rühren erhitzen und einmal kurz aufkochen lassen. Den fertigen und noch warmen Guss mit einem Löffel auf den Beeren verteilen. Die Torteletts möglichst frisch servieren.

leicht und lecker

Vanille-Aprikosen-Torteletts

Für 8 Stück: 1 Dose Aprikosen (240 g Abtropfgewicht) | 3 EL gehackte Mandeln (s. Tipp S. 75)
1 EL Puderzucker | 8 Mürbeteig-Torteletts (ca. 8 cm Ø; aus dem Backwarenregal)
1/2 l Milch | 1 Päckchen Vanillezucker | 1 Päckchen Cremepudding-pulver mit Vanillegeschmack (kalt gerührt, für 1/2 l Milch)
3 EL Eierlikör

Zubereitungszeit: ca. 15 Min.
Pro Stück ca. 260 kcal | 1090 kJ | 4 g EW | 12 g F | 31 g KH

einszwei:Blitzdessert!
Übrige Vanillecreme zugedeckt im Kühlschrank aufbewahren und z. B. am nächsten Tag als nussiges Dessert genießen: zusätzlich 2–3 EL kernige Cornflakes (z. B. »Crunchy Nuts«) in einem Gefrierbeutel zerdrücken und unter die Creme rühren. Die Creme schmeckt auch gut mit Ananas oder Mandarinen aus der Dose.

1 Die Aprikosen in einem Sieb abtropfen lassen. Die Mandeln mit dem Puderzucker in einer beschichteten Pfanne ohne Fett unter Rühren goldbraun rösten, herausnehmen. Torteletts auf der Arbeitsfläche ausbreiten.

2 Die Aprikosen längs in schmale Spalten schneiden. Die Milch in einen hohen Rührbecher gießen, den Vanillezucker und das Puddingpulver unterrühren und mit den Schneebesen des Handrührgerätes cremig schlagen. Den Eierlikör und die Hälfte der Mandeln unterrühren.

3 Die Torteletts mit der Vanillecreme bestreichen und mit den Aprikosenspalten schuppenartig belegen. Die restlichen Mandeln darüber streuen. Die Torteletts möglichst frisch servieren.

für ganz Süße

Meringe-Törtchen mit Früchten

Für 6 Stück: 1 Dose Fruchtcocktail (130 g Abtropfgewicht)
6 Meringe-Törtchen (Schaumgebäck, 7 cm Ø; aus dem Keksregal oder vom Bäcker) | 1 Flasche Sprühsahne (gut gekühlt!) | 3 EL cremiger Likör (z. B. Eier-, Schoko-, Vanille- oder Kaffeelikör)

Zubereitungszeit: ca. 10 Min.
Pro Stück ca. 310 kcal | 1300 kJ | 5 g EW | 3 g F | 63 g KH

1 Den Fruchtcocktail in ein Sieb abgießen und abtropfen lassen. Die Meringe-Törtchen auf der Arbeitsfläche ausbreiten.

2 Die Sahneflasche kräftig schütteln und auf jedes Törtchen einen großen Tupfer spritzen. Die Früchte darauf verteilen und leicht in die Sahne drücken.

3 Den Likör über die Törtchen träufeln. Sofort servieren!

einszwei:Süße Früchtchen!
Den Obstkorb der Woche nicht leer gegessen? Nichts wie auf die Törtchen mit den übrigen Früchten und die Dose mit dem Fruchtcocktail geschlossen lassen. Die frischen Himbeeren, Erdbeeren, Bananen, Äpfel, Aprikosen, Weintrauben vorher nur noch flink waschen, putzen und zerkleinern.

einszwei:Aber bitte mit Sahne!
Gut möglich, dass von der Sprühsahne etwas übrig bleibt: Die Amarena-Waffeln (S. 33), das Rote-Grütze-Trifle (S. 85) und viele andere fruchtig-süße Leckereien freuen sich darüber! Sie können natürlich auch 200 g frische Sahne steif schlagen, in einen Spritzbeutel füllen und in Tupfen auf die Törtchen setzen. Oder die Sahne ganz simpel mit dem Löffel aufhäufen.

Sommer, Sonne, Eis-Meringe

Eisgekühlte Meringe-Törtchen

Für 6 Stück: 2 EL Pistazienkerne
6 Meringe-Törtchen (Schaumgebäck, 7 cm Ø; aus dem Keksregal oder vom Bäcker)
4 kleine Kugeln Zitroneneis (180 ml)

Zubereitungszeit: ca. 10 Min.
Tiefkühlzeit: ca. 30 Min.
Pro Stück ca. 325 kcal | 1370 kJ | 6 g EW | 5 g F | 65 g KH

1 Die Pistazien mit einem großen Messer ganz fein hacken. Die Meringe-Törtchen auf der Arbeitsfläche ausbreiten.

2 Das Zitroneneis aus dem Tiefkühlfach nehmen und mit einem Eiskugelportionierer oder Esslöffel je 1 kleine Kugel Eis auf ein Törtchen setzen und leicht andrücken. Die Pistazien darüber streuen.

3 Die Törtchen ca. 30 Min. ins Tiefkühlfach stellen. Dann sofort servieren!

einszwei:Nüsse aufbewahren!
Nüsse und Kerne geben vielen Kuchen oder Muffins erst den richtigen Biss und sind zudem tolle Deko für süße Desserts. Aufgrund ihrer wertvollen Öle sind sie sehr gesund, werden aber auch schnell ranzig. Lagern Sie sie daher immer kühl und trocken, am besten luftdicht in Schraubgläsern.

Limetten-Tarte

Für 1 Springform von 26 cm Ø:
3 unbehandelte Limetten | 1 Päckchen Götterspeise mit Zitronengeschmack (für 1/4 l Flüssigkeit)
150 g Pumpernickel (Vollkornbrot aus Roggenschrot)
300 g Sahne | 100 g Puderzucker | 400 g Frischkäse
1 Päckchen Vanillezucker

Zubereitungszeit: ca. 20 Min.
Kühlzeit: ca. 2 Std.
Bei 12 Stück pro Stück ca. 190 kcal | 790 kJ | 7 g EW | 11 g F | 16 g KH

einszwei:Tauschbörse!
Statt mit Frischkäse schmeckt die Limetten-Tarte auch mit 250 g Quark und 150 g Naturjoghurt. Oder wie wär's mit einer Zitronen-Tarte mit Zitronen statt Limetten?

1 2 Limetten heiß waschen, abtrocknen und die Schale mit der Universalreibe fein abreiben. Beide Limetten halbieren und jeweils den Saft auspressen (die übrige Limette erst mal beiseite legen). 200 ml Wasser abmessen und in einen Topf gießen, den Limettensaft und das Götterspeisepulver unterrühren. Dann zum Quellen 5–10 Min. stehen lassen. Die Pumpernickel-Scheiben in die Springform bröckeln. Die Sahne in einen hohen Rührbecher füllen und mit den Schneebesen des Handrührgerätes steif schlagen (s. Tipp S. 83).

2 Den Topf auf den Herd stellen und die Götterspeise darin unter Rühren erhitzen (nicht kochen lassen), bis sich das Pulver gelöst hat. Vom Herd nehmen und abkühlen lassen. Den Puderzucker (im Messbecher auf der Grieß-Skala) abmessen. Den Frischkäse in eine große Rührschüssel geben und mit dem Puderzucker, dem Vanillezucker und der Limettenschale mit einem Schneebesen verrühren. Die abgekühlte Götterspeise unterrühren. Die Schlagsahne untermischen, dann die Creme auf den Pumpernickel-Boden in die Form geben und glatt streichen. Die Limetten-Tarte mindestens 2 Std. zugedeckt in den Kühlschrank stellen.

einszwei:Mit Löffelbiskuits!
Füllen Sie 200 g Löffelbiskuits in einen Gefrierbeutel und rollen Sie mit einem Nudelholz oder einer Flasche darüber, so dass die Biskuits fein zerrieben werden. Die Krümel in einer Schüssel mit 100 g weicher Butter verkneten und statt den Pumpernickel auf den Boden der Springform verteilen und andrücken.

3 Die Tarte aus dem Kühlschrank nehmen. Mit einem Messer die Creme vom Springformrand lösen. Den Formrand entfernen. Die übrige Limette mit einem sehr scharfen Messer in hauchdünne Scheiben schneiden und die Tarte damit belegen.

einszwei:Himbeer-Tarte!
Nehmen Sie 1 Päckchen Götterspeise mit Himbeergeschmack und 1/4 l Beerensaft zum Anrühren. Die abgekühlte Götterspeise mit 400 g Frischkäse und 100 g Puderzucker verrühren, 300 g geschlagene Sahne untermischen. Die Creme auf dem Boden verstreichen und die Tarte 2 Std. in den Kühlschrank stellen. Mit frischen Beeren oder Kokosraspeln und halbierten Kokos-Mandel-Pralinen (z. B. »Raffaello«) servieren.

Äpfel in Sonntagslaune

Apfel-Karamell-Torte

Für 12 Stück:
6 mittelgroße Äpfel (z. B. Cox Orange; ca. 750 g)
450 ml Apfelsaft | 2 EL Zucker
1 Päckchen Puddingpulver mit Vanillegeschmack (zum Kochen, für 1/2 l Milch)
1 Biskuitboden (26–28 cm Ø; aus dem Backwarenregal)
200 g Sahne | 2 Päckchen Sahnesteif
150 g Karamelljoghurt

Zubereitungszeit: ca. 20 Min.
Kühlzeit: ca. 30 Min.
Pro Stück ca. 160 kcal | 670 kJ | 2 g EW | 6 g F | 24 g KH

einszwei:Krümeln erlaubt!
Für einen knusprigen Keksboden einfach 100 g Cantuccini-Kekse (italienisches Mandelgebäck) und 2 Zwiebäcke in einen Gefrierbeutel füllen und mit dem Nudelholz oder einer Flasche darüber rollen, so dass die Kekse und Zwiebäcke fein zerrieben werden. Die Krümel mit 80 g weicher Butter verkneten und rund ausrollen.

1 Die Äpfel waschen, vierteln und schälen, die Kerngehäuse entfernen. Die Viertel auf der Universalreibe oder dem Gemüsehobel grob raspeln. 400 ml Apfelsaft abmessen, mit dem Zucker in einen Topf füllen und erhitzen. Das Puddingpulver in einem Rührgefäß mit dem restlichen Apfelsaft verrühren und in den Topf dazugeben. Bei mittlerer Hitze unter Rühren dicklich einkochen lassen. Die Apfelraspel unterrühren, den Topf vom Herd nehmen. Den Biskuitboden auf eine Platte legen.

2 Die Sahne mit dem Sahnesteif in einen hohen Rührbecher füllen und mit den Schneebesen des Handrührgerätes steif schlagen. Den Karamelljoghurt esslöffelweise unterrühren.

3 Die Apfelgrütze auf dem Biskuitboden verstreichen. Die Karamellsahne locker auf der Apfelgrütze verteilen. Die Torte 30 Min. in den Kühlschrank stellen.

einszwei:Karamellgeschmack!
Für die Karamellsahne können Sie auch 8 weiche Karamellbonbons mit 6 EL Milch oder Sahne in einem Topf erhitzen und unter Rühren schmelzen lassen. Nach dem Abkühlen unter die geschlagene Sahne rühren. Ganz Eilige mischen einfach 2 EL fertige Karamellsauce unter die Schlagsahne.

einszwei:Fix garniert!
Dekorieren Sie die Torte vor dem Servieren mit Mini-Florentinern.

Weitere sahnige einszwei-Rezepte:
Meringe-Törtchen mit Früchten_Seite 75
Tiramisu-Torte_Seite 83
Rote-Grütze-Trifle_Seite 85

echter Importschlager

Cantuccini-Cheesecake

Für 1 Springform von 24 cm Ø:
400 g Doppelrahm-Frischkäse
200 g Crème fraîche
200 g saure Sahne
1 unbehandelte Zitrone
120 g Cantuccini-Kekse (italienisches Mandelgebäck)
2 EL Butter | 120 g Zucker
4 EL Sofort-Gelatine (z. B. »Gelatine Fix«, ohne Quellen und Aufkochen)

einszwei:Aus dem Keksregal!
Wählen Sie nach Lust und Laune: Amaretti, Löffelbiskuits, Butterkekse, Kokoszwieback – statt Cantuccini für den Keksboden nehmen.

Zubereitungszeit: ca. 20 Min.
Kühlzeit: ca. 3 Std.
Bei 12 Stück pro Stück ca. 270 kcal | 1135 kJ | 5 g EW | 19 g F | 20 g KH

einszwei:Gelatine rühren!
Das Gelatinepulver verbindet sich besser mit der Käsecreme (Step 2), wenn Frischkäse, saure Sahne und Crème fraîche nicht zu kalt sind!

1 Frischkäse, Crème fraîche und saure Sahne rechtzeitig aus dem Kühlschrank nehmen und Zimmertemperatur annehmen lassen. Die Zitrone heiß waschen und abtrocknen. Mit der Universalreibe ca. 1 TL Schale fein abreiben, dann die Zitrone halbieren und den Saft auspressen. Die Cantuccini in einen Gefrierbeutel füllen und mit einem Nudelholz oder einer Flasche darüber rollen, so dass sie fein zerrieben werden.

2 Die Butter in einen kleinen Topf geben und bei mittlerer Hitze schmelzen lassen. Die Cantuccini-Krümel in den Topf dazugeben und unterrühren. Die buttrigen Kekskrümel gleichmäßig auf dem Springformboden verteilen. Den Zucker abmessen und mit dem Frischkäse, der Crème fraîche und der sauren Sahne in einer Schüssel mit dem Schneebesen gut verrühren. Zitronensaft und -schale unter die Käsecreme rühren. Das Gelatinepulver dazugeben und mit dem Schneebesen kräftig unterschlagen.

3 Die Käsecreme auf dem Keksboden verteilen. Den Kuchen zugedeckt mindestens 3 Std. in den Kühlschrank stellen und fest werden lassen.

einszwei:Frisch und fruchtig!
Kein Sommer ohne gut gekühlten Cheesecake – echt amerikanisch! Für zusätzliches Fruchtaroma sorgen Mango, Ananas, Nektarinen, Pfirsiche, Erdbeeren: waschen, putzen (oder Dosenfrüchte abtropfen lassen), in Würfel oder Spalten schneiden und vor dem Kühlen in die noch weiche Käsecreme drücken.

Tiramisu-Torte

Für 12 Stück:
1 Biskuitboden (26–28 cm Ø; aus dem Backwarenregal)
2–3 TL Instant-Espressopulver (für 100 ml Espresso)
400 g Sahne | 500 g Magerquark
250 g Mascarpone | 100 g Puderzucker
3–4 EL Mandel- oder Kaffeelikör (z. B. Amaretto oder Kahlúa)
2 EL ungesüßtes Kakaopulver

Zubereitungszeit: ca. 15 Min.
Kühlzeit: ca. 2 Std.
Pro Stück ca. 310 kcal | 1290 kJ | 8 g EW | 21 g F | 19 g KH

einszwei:Sahne schlagen!
Gut gekühlte Sahne mit hohem Fettgehalt lässt sich am besten steif schlagen. Aber übertreiben Sie es nicht, wird Sahne zu lange geschlagen, wird sie buttrig!

1 Den Biskuitboden auf eine Platte legen. Für den Espresso Wasser im Wasserkocher zum Kochen bringen. Das Espressopulver in einen Messbecher geben und mit 100 ml kochendem Wasser übergießen. Die Sahne in einen hohen Rührbecher füllen und mit den Schneebesen des Handrührgerätes steif schlagen.

2 Den Magerquark und den Mascarpone in eine Rührschüssel geben. Den Puderzucker (im Messbecher auf der Grieß-Skala) abmessen und dazugeben. Alles mit den Schneebesen des Handrührgerätes auf niedrigster Stufe cremig rühren. Dann die Schlagsahne und 2–3 EL Likör unterrühren.

3 Den restlichen Likör mit dem Espresso vermischen und den Biskuitboden gleichmäßig damit beträufeln. Die Creme auf dem Biskuitboden verteilen. Die Tiramisu-Torte 2 Std. in den Kühlschrank stellen. Vor dem Servieren die Oberfläche dick mit Kakaopulver bestäuben, am besten durch ein feines Sieb.

einszwei:Extra-Kick!
Belegen Sie den Biskuitboden zusätzlich mit Amarettini (kleine italienische Mandelmakronen; ca. 75 g). Diese mit der Espressomischung beträufeln und darauf die Mascarpone-Creme verteilen.

einszwei:Deko-Wellen!
Ziehen Sie vor dem Bestäuben mit Kakaopulver mit einer Gabel Wellenlinien in die Oberfläche der Tiramisu-Torte.

einszwei:Tiramisu-Dessert!
Die Hälfte der Mascarpone-Creme wie oben beschrieben zubereiten. 150 ml Instant-Espresso mit 1 EL Mandel- oder Kaffeelikör mischen. Dann 10–12 Löffelbiskuits ganz kurz in der Espressomischung wenden und in eine eckige Form legen. Creme darauf verstreichen, 10–12 weitere Biskuits in der Espressomischung wenden und mit der restlichen Creme bedecken. Kühl stellen und vor dem Servieren mit Kakaopulver bestäuben.

Rote-Grütze-Trifle

einszwei:Gut in Form!
Es geht auch eine gut schließende Springform – die ist zwar nicht so schön auf dem Tisch, aber ebenso zweckmäßig. Wenn Sie nur eine eckige Form haben, zerzupfen Sie die beiden Böden vor dem Einschichten in grobe Stücke, so dass sie hineinpassen.

Für 1 runde Glas- oder Keramikform (ca. 26 cm Ø, ca. 8 cm hoch):
3 Päckchen Cremepuddingpulver mit Vanillegeschmack (für je 150 ml heißes Wasser)
1 Packung heller oder dunkler Wiener Boden (26 cm Ø, 3-teilig; aus dem Backwarenregal)
100 ml Vin Santo (Dessertwein; ersatzweise süßer Sherry, Portwein oder Kirschsaft)
400 g Sahne | 500 g rote Grütze (aus dem Glas)

Zubereitungszeit: ca. 20 Min.
Kühlzeit: ca. 4 Std.
Bei 16 Portionen pro Portion ca. 190 kcal | 790 kJ | 2 g EW | 9 g F | 22 g KH

1 450 ml Wasser im Wasserkocher erhitzen und in einen Rührbecher gießen. Das Puddingpulver dazugeben und mit den Schneebesen des Handrührgerätes zu einer glatten Creme verrühren. 1 Wiener Boden in die Form legen. Einen zweiten Boden auf die Arbeitsfläche legen. Den Vin Santo abmessen und beide Böden damit beträufeln. Die Sahne in einen zweiten Rührbecher füllen und mit den Schneebesen des Handrührgerätes steif schlagen (s. Tipp S. 83).

einszwei:Und der dritte?
Den übrigen Boden grob zerbröseln. In einer beschichteten Pfanne 3–4 EL Butter zerlassen, die Brösel dazugeben und bei mittlerer Hitze unter Rühren 1–2 Min. anrösten. Mit 3 EL Puderzucker bestäuben und unter Rühren goldbraun karamellisieren. Kurz vor dem Servieren die knusprigen Brösel (am besten noch warm) über das Trifle streuen.

2 Nacheinander jeweils die Hälfte der Creme, der roten Grütze und der Schlagsahne gleichmäßig auf den Boden in der Form verstreichen. Dann den zweiten Wiener Boden darauf geben, leicht andrücken und die übrige Creme, Grütze und Sahne darauf verstreichen.

3 Das Trifle zugedeckt 3–4 Std. in den Kühlschrank stellen.

einszwei:Titelstar Beerentorte!
300 g TK-Beerenmischung in einem Sieb auftauen lassen. 400 g Sahne mit 1 Päckchen Bourbon-Vanillezucker aufschlagen. Die aufgetauten Beeren unterheben (ein paar schöne Exemplare für die Deko beiseite legen). 1 Wiener Boden mit der Beerensahne dünn bestreichen, den zweiten Boden darauf legen und leicht andrücken. Die übrige Sahne darauf verteilen und auch den Rand mit Sahne einstreichen. Den Tortenrand mit 2–3 EL Raspelschokolade bestreuen. Die Torte mit den übrigen Beeren dekorieren.

Glück zum Verschenken

Schoko-Schichttorte

Für 8 Stück:
200 g Sahne
150 g Raspelschokolade
1 EL Butter
1 TL Orangenlikör (nach Belieben; z. B. Cointreau)
1 Packung Karlsbader Oblaten (5 Stück, 125 g)
1 Päckchen Sahnesteif
8 Cocktailkirschen mit Stiel (aus dem Glas)

Zubereitungszeit: ca. 20 Min.
Kühlzeit: ca. 1 Std.
Pro Stück ca. 290 kcal | 1205 kJ | 2 g EW | 22 g F | 12 g KH

einszwei:Dekorieren!
Wie wär's mit Cornflakes-Schoko-Chips (z. B. »Choco-Crossies«), Schokoröllchen oder zerbröselten Baisers statt Cocktailkirschen für die Tortendeko?

einszwei:Turbovariante!
300 g Sahne mit Sahnesteif steif schlagen, dabei 2 EL Nuss-Nougat-Creme (z. B. »Nutella«) nach und nach unterrühren. 4 Oblaten wie beschrieben mit drei Viertel der Schokosahne bestreichen, aufeinander schichten, die übrige Oblate darauf setzen und beschweren. Die Oberfläche und den Rand mit der übrigen Sahne überziehen und die Torte dekorieren.

1 Die Sahne in einem Topf erwärmen, aber nicht kochen lassen. Die Raspelschokolade und die Butter dazugeben und bei schwacher Hitze unter Rühren in der Sahne auflösen. Nach Belieben den Orangenlikör unterrühren. Den Topf vom Herd nehmen, die Schokosahne in einen Rührbecher umfüllen, kurz auskühlen lassen und 1 Std. zugedeckt in den Kühlschrank stellen.

2 Die Oblaten auf der Arbeitsfläche ausbreiten. Die kalte Schokosahne aus dem Kühlschrank nehmen und mit dem Sahnesteif mit den Schneebesen des Handrührgerätes cremig aufschlagen. Drei Viertel der Schokosahne auf 4 Oblaten verstreichen (Vorsicht, Oblaten brechen leicht!), diese aufeinander schichten. Die übrige Oblate darauf setzen und mit Frischhalte- oder Alufolie abdecken. Ein Brett oder dickes Buch darauf legen und die Torte 10 Min. beschweren. Die übrige Schokosahne wieder kalt stellen.

3 Das Brett oder Buch und die Folie abnehmen, die Oberfläche und den Rand der Torte mit der übrigen Schokosahne überziehen. Zum Schluss mit den Kirschen dekorieren.

einszwei:Espresso-Schichttorte!
200 g Sahne mit 3 TL Instant-Espressopulver erwärmen und 150 g Zartbitterschokolade in Stücken darin auflösen. Die Espresso-Sahne kurz auskühlen lassen und 1 Std. in den Kühlschrank stellen. Die Oblaten wie beschrieben mit der Sahne bestreichen, aufeinander schichten und beschweren. Die Oberfläche und den Rand ebenfalls mit Sahne überziehen und die Torte dekorieren.

Weiteres einszwei-Rezept für Schokosüchtige: *Schokokuchen mit Marshmallows_Seite 37*

Weißer Kokostraum

Für 8 Stück:
2 kleine helle Biskuitböden
(16 cm Ø; aus dem Backwarenregal)
6 EL Kokoslikör (z. B. Batida de Côco)
200 g Ananaskonfitüre | 150 ml Milch
2 Päckchen Quark-Dessertpulver mit Vanillegeschmack
(z. B. »Quarkfein«, für 200 ml Milch und 250 g Speisequark)
500 g Speisequark (20 %)
6 EL Kokosraspel (fertig gekauft)

Zubereitungszeit: ca. 20 Min.
Kühlzeit: ca. 2 Std.
Pro Stück ca. 305 kcal | 1265 kJ | 9 g EW | 9 g F | 44 g KH

einzwei: So geht's auch!
Sie können auch 1 großen Biskuitboden nehmen (26–28 cm Ø), diesen quer halbieren, den unteren Boden mit der Hälfte der Creme bestreichen und den oberen Boden darauf legen. Die restliche Creme auf der Oberfläche und dem Tortenrand verteilen, wie beschrieben mit Kokosraspeln bestreuen und kalt stellen.

1 Die Biskuitböden auf der Arbeitsfläche ausbreiten und quer halbieren. Jeweils mit etwas Kokoslikör beträufeln und mit Konfitüre bestreichen.

einszwei: Biskuitboden teilen!
Gut geht das mit einem langen, feinen Sägemesser, bei kleineren Böden einfach an einer Seite ansetzen und durchschneiden. Bei größerem Durchmesser den Boden während des Schneidens drehen und immer rundum die Schnitthöhe im Auge behalten! Zweite Möglichkeit: Mit einem Messer am Kuchenrand die Schnittlinie »anzeichnen«. Dann genau dort ein Stück Zwirn um den Kuchen legen, die Enden überkreuzen – und anziehen!

2 Die Milch abmessen, mit dem Dessertpulver in eine Rührschüssel geben und mit dem Schneebesen verschlagen. Dann den Quark kräftig unterrühren, bis eine glatte Creme entstanden ist.

3 Einen unteren Biskuitboden auf eine Platte legen und mit etwa einem Viertel der Creme bestreichen. Einen oberen Boden auflegen und ein weiteres Viertel Creme darauf verteilen. Die beiden übrigen Bodenhälften und die restliche Creme ebenfalls wie beschrieben darauf schichten und auch den Tortenrand mit Creme einstreichen. Die Torte rundum mit den Kokosraspeln bestreuen. 1–2 Std. in den Kühlschrank stellen und durchziehen lassen.

einszwei: Cocktail für Kokos-Fans!
Tropical Feeling im Nu: 2 cl weißen Rum, 10 cl Ananassaft, 6 cl Kokoslikör, 2 cl Sahne und 1 Hand voll Crushed Ice im elektrischen Mixer auf höchster Stufe schaumig mixen (oder in einem hohen Rührbecher mit dem Pürierstab aufschäumen). Mit 3–4 Eiswürfeln in einem großen Cocktailglas servieren!

J. Dubost

Geeister Valentins-Cake

Für 8 Stück:
2 kleine Biskuitrollen mit Cremefüllung (z. B. »Milka Tender«, je ca. 40 g)
1 runde Packung Vanilleeis (1 l, ca. 15 cm Ø)
4 EL Erdbeersauce (z. B. von Schwartau, aus der Flasche; s. Tipp S. 53)

Zubereitungszeit: ca. 15 Min.
Kühlzeit: ca. 1 Std.
Pro Stück ca. 250 kcal | 1335 kJ | 4 g EW | 14 g F | 26 g KH

einszwei:Wählerisch?
Es darf nach Lust, Laune und Geschmack kombiniert werden: Maracuja-Eis mit Himbeersauce, Schokoladeneis mit Karamellsauce, Walnusseis mit Schokosauce …

1 Die Biskuitrollen quer in ca. 1 cm breite Scheiben schneiden. Die Scheiben auf einer Platte oder einem Teller kreisförmig anordnen. Das Eis aus dem Tiefkühlfach nehmen. Um das Eis aus der Plastikpackung zu lösen, den Rand der Packung mehrmals mit der Küchenschere bis zum Boden hin einschneiden und nach außen umbiegen. Oder die Packung ganz kurz in heißes Wasser tauchen und das Eis auf einen Teller stürzen.

einszwei:Guter Schnitt!
Das Messer kurz unter den heißen Wasserstrahl halten, abtrocknen, und schon lassen sich die Biskuitrollen und auch der Eiskuchen wunderbar in Stücke teilen.

2 Das Eis mit Hilfe einer Palette oder eines großen Messers vom Packungsboden oder dem Teller auf den Biskuitkreis schieben und leicht andrücken. Mit der Erdbeersauce ein Herz auf das Eis malen.

3 Den Eiskuchen sofort servieren oder vorher zugedeckt (am besten mit einer Kuchenhaube oder einer großen Schüssel) ca. 1 Std. in den Tiefkühlschrank stellen, bis die Erdbeersauce und das Eis hart gefroren sind.

einszwei:Hübsch gemacht!
Fast ein Muss: 1 Hand voll ungespritzte Rosenblütenblätter vor dem Servieren über den Kuchen streuen!

Weitere einszwei-Rezepte für Verliebte:
Marzipan-Krokant-Waffeln_Seite 35 · Weißer Kokostraum_Seite 89

SO SCHNELL UND LECKER WURDE NOCH NIE GEKOCHT

... und schon gar nicht so einfach!

ISBN (10) 3-8338-0246-4
ISBN (13) 978-3-8338-0246-1

Das macht eilige und unerfahrene Köche glücklich:

- Einfache 20-Minuten-Rezepte mit maximal 6 Hauptzutaten – die meisten davon aus Tiefkühltruhe, Kühlregal, Dose, Packung und Tüte
- Küchenchaos ade in nur drei Arbeitsschritten: eins – alles bereitstellen, zwei – das eine oder andere frische Gemüse klein schnippeln, drei – kochen!
- Leckere Rezepte mit Convenience – und keiner merkt's ...

GU

Willkommen im Leben.

Die Autorinnen

Christina Kempe tobt sich gern beim Backen aus, vor allem wenn das, was dabei herauskommt, ratzfatz gemacht und umwerfend lecker zugleich ist. Sollte der Ofen mal nicht auf Hochtouren laufen, schreibt, gestaltet und lektoriert sie Bücher in ihrem Redaktionsbüro in München oder macht im Fotostudio Kuchen, Torten, Plätzchen & Co. schick für die Kamera.

Christa Schmedes arbeitet als freie Mitarbeiterin für namhafte Zeitschriften- und Buchverlage sowie als Stylistin in den Studios bekannter Foodfotografen. Seit 1993 schreibt sie als freie Autorin Koch- und Backbücher. Ihre große Leidenschaft ist es, aus wenigen Zutaten immer wieder neue aufregende Backrezepte zu entwickeln.

Die Fotografen

Das **Studio L'EVEQUE Tanja & Harry Bischof** (Food & Styling) arbeitet seit Jahren intensiv für Werbung, Bücher und Zeitschriften im Foodbereich. In der Innenstadt Münchens kreiert das 4-köpfige Team Foodaufnahmen mit erfrischendem Licht und appetitanregendem, trendigem Styling. Die Step- und Freisteller-Aufnahmen für dieses Buch machte **Kristina Babics** (Fotoassistenz), die Foodstyling-Assistenz **Hannelore Bellini.**

Die Fotografen danken den Firmen **Radspieler** und **Abovo** in München, aus deren Programm sie sich bedienen durften.

Programmleitung: Doris Birk

Konzept: Alessandra Redies

Redaktion: Monika Greiner

Lektorat: Saskia Nickles

Korrektorat: Stefanie Doll

Umschlaggestaltung:
Sandra Gramisci, independent Medien-Design, München

Innenlayout:
Ngoc Le-Tümmers, independent Medien-Design, München

Satz: Knipping Werbung GmbH, Berg/Starnberg

Herstellung: Susanne Mühldorfer

Repro: Fotolito Longo, Bozen

Druck: Appl, Wemding

Bindung: Oldenbourg Buchmanufaktur, Monheim

ISBN (10) 3-8338-0247-2
ISBN (13) 978-3-8338-0247-8

Auflage	5.	4.	3.	2.	1.
Jahr	10	09	08	07	2006

DAS ORIGINAL G|U MIT GARANTIE

Das Original mit Garantie

Ihre Meinung ist uns wichtig. Deshalb möchten wir Ihre Kritik, gerne aber auch Ihr Lob erfahren, um als führender Ratgeberverlag für Sie noch besser zu werden. Darum: Schreiben Sie uns! Wir freuen uns auf Ihre Post und wünschen Ihnen viel Spaß mit Ihrem GU-Ratgeber.

Unsere Garantie: Sollte ein GU-Ratgeber einmal einen Fehler enthalten, schicken Sie uns bitte das Buch mit einem kleinen Hinweis und der Quittung innerhalb von sechs Monaten nach dem Kauf zurück. Wir tauschen Ihnen den GU-Ratgeber gegen einen anderen zum gleichen oder einem ähnlichen Thema um.

Ihr GRÄFE UND UNZER VERLAG
Redaktion Kochen & Verwöhnen
Postfach 86 03 25
81630 München
Fax: 089/41981-113
E-Mail:
leserservice@graefe-und-unzer.de

GRÄFE UND UNZER

Ein Unternehmen der
GANSKE VERLAGSGRUPPE